깨달음으로 이끄는

대장경 속 한마디

깨달음으로 이끄는

대장경 속 한마디

김형중 글, 허회태 그림

운주사

서문

부처님의 가르침은 높고도 넓다. 인생 고해바다를 건너가는 데 그 지혜가 팔만 사천 가지나 된다고 해서 '팔만 사천 가지 큰 지혜가 담겨진 경전', 즉 '팔만대장경'이라고 부른다.

이 책은 법보신문에 2년 동안 연재한 '대장경 속 명구'를 다시 손보아 엮은 것이다. 불교 공부를 하는 사람이면 누구나 방대한 대장경 속에서 결정체가 무엇일지 궁금해 하고, 또 그것들을 하나로 모아보고 싶은 소망이 있을 것이다.

부처님께서 깨달으신 진리의 내용은 무엇일까? 어떤 가르침이 불교의 핵심적인 내용일까? 경전에는 부처님께서 깨달으신 가르침이 '이것이다'라고 한마디로 명료하게 설하고 있지 않다. 인간이 괴로움에서 벗어날 수 있는 지혜의 약은 병마다 각기 다르고 많기 때문이다.

필자는 가진 바 능력과 재주도 모르면서 만용을 불사원력이라고 착각하고 이 일에 덤벼들어 큰 홍역과 대가를 치렀다. 부처님의 경전의 바다인 교해教海 속을 더듬어 진주를 찾고, 선사들이 깨달은 선림禪林의 송이松栮를 찾는 수고는 실로 만만한 일이 아니었다.

이 글을 쓰는 2년 동안은 필자의 인생에서 가장 어려운 시련기였다. 아들은 행정고시 3차 면접시험에서 떨어지고, 아내는 기도하다가 지쳐서 병원 신세를 지게 되었다. 필자 또한 교장 전형에서 연속 낙방을 하면서, 가을 낙엽처럼 마음을 비우고 또 비웠다. 만사가 귀찮고 의미 없는 일이 되어 갈 때 이런 생각을 했다.

'부처님이 깨달으신 진리의 내용은 중생의 고통을 없애주는 지혜의 묘약이라고 하는데, 내가 이렇게 고통의 늪에 빠져 있는데 도움이 안 되는 교법이라면 문제가 있는 거 아닌가.'

『가산불교대사림』 15권을 수많은 밤을 새워서 보았다. 불면증에 시달리면서 지쳐서 잠이 들 때까지 '일초직입여래지'할 수 있는 일자만큼의 일전어一轉語 명구를 찾았다. 경전 속에서 진주와 송이를 찾으면 신문사에 송고하는 날까지 그 경구만을 생각하였다. 그러는 사이 마음은 편안해지고 행복한 날이 되었다. 그렇게 스스로를 위해서 경전을 뒤지고, 교리를 공부했다. 결국은 나를 위해서 쓴 글이 된 것이다.

'집착이 고통의 근원'이라는 것을 깨달았다. 많은 독자들에게서 응원하고 격려하는 편지가 왔다. 환희였다. 연재가 마무리될 때쯤 나는 무엇이 되겠다는 생각에서 벗어났고, 아내도 마음고생이 사라져

건강을 되찾았다. '날마다 날마다 좋은 날(日日是好日)'이 되었다. 그리고 기적 같은 일이 일어났다. 올해 9월에 나는 교장이 되었고, 11월에는 로스쿨에 다니던 아들이 행정고시에 최종 합격하였다.

『금강경』에서 "만일 어떤 사람이 이 경을 믿는 마음이 있어 비방하지 않는 사람이 있다면 그 복이 한량없는 겁 동안 자신의 몸을 돌보지 않고 보시한 사람보다 뛰어나고 크다. 하물며 이 경을 쓰고 받들고 간직하고 외우고 독송하여, 다른 사람에게 설명한 사람의 공덕은 말할 것도 없을 것이다."라고 한 말씀처럼 경전을 공부한 공덕이 나타난 것이다.

지금도 꿈인지 생시인지 헷갈리는 현실이다. 불보살님의 가피력이다. 원과 꿈은 기필코 이루어진다. 이 글은 '절망의 벼랑에서 핀 꽃'이라고 말하고 싶다.

山作 이 책의 공동저자인 무산 허회태 선생과의 인연을 말하지 않을 수 없다. 허회태 선생은 39세에 대한민국 예술대전에서 대통령상을 수상한 서예가이다. 독창적인 이모그라피 서예를 창시하여 그의 작품이 중고등학교 교과서에도 수록된, 세계적으로 명성을 날린 예술가이다.

올해 8월에 자신의 최고 작품인 '억만불億萬佛'과 '백팔불百八佛' 2점을 필자를 통하여 동국대학교에 기증하였다. 그 인연으로 필자는 이 책에 실린 47편의 내용을 예술작품화하여 공동으로 책을 내자고 허회태 선생에게 제의하였다. 운주사 김시열 대표도 흔쾌히 허락하여 인문학과 예술이 융합하여 만나는 창조적인 책이 나오게 된 것이다.

필자는 평소 종교와 철학적인 주제를 다룬 인문학 책들이 그 무거움을 탈피하는 한 방법으로, 책의 주제에 맞는 그림이나 글씨 등이 예쁘게 장식되면 좋겠다는 생각을 하였다. 앞으로 인문학과 예술이 만나 함께 작업이 이루어지는 융합작업이 더 활발하게 이루어지기를 기대한다.

허회태 작가는 한문·한글 서예와 이모그라피 등 모든 서체에 달통했을 뿐만 아니라 그림, 전각, 입체조각의 모든 영역에 이르기까지 종합적인 예술을 구가하는, 한국예술계에서는 보기 드문 융합예술가이다. 필자는 허회태 선생과 공동으로 만든 이 책을 매우 영광스럽고 기쁘게 생각한다.

이 책을 읽는 모든 독자들이 마음이 편안해지고 행복해지기를 기원한다.

2015년 12월 김형중 씀

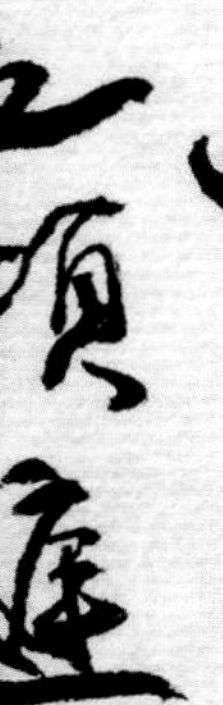

1

일일시호일

日日是好日

운문선사가 대중에게 교훈적인 말씀을 제기하여 말했다.

“이미 지나간 15일(보름) 이전의 일은 너희에게 묻지 않겠다. 앞으로 맞을 15일 이후에 대하여 한마디 일러보라.”

대답하는 사람이 없자 운문선사가 사람들을 대신하여 말했다.

“날마다 좋은 날!”

擧 雲門垂語云하기를 **十五日以前**은 **不問汝**하겠으니 **十五日以後**를 **道將一句來**하라 **自代云**하기를 **日日是好日**이다 (『벽암록』)

옛 스승의 다섯 자 법문
만금으로 바꿀 수 없네
‘날마다 좋은 날’일지니

행복 찾기는 각자의 몫

일자천금一字千金이란 말이 있다. 중국 전국시대 여불위呂不韋가 『여씨춘추』를 편찬할 때 '이 책 속에 있는 말보다 더 좋은 말을 해주는 사람에게 한 글자에 천금을 주겠다'고 하여 생긴 고사이다. 훌륭한 언구나 문장을 뜻하는 말로 쓰인다.

선가에도 일전어一轉語란 말이 있다. 선사가 거두절미하고 한마디 말로써 미혹을 깨부수고 심기를 일전시켜서 전미개오轉迷開悟하도록 하는 법문이다. 이런 선사의 선문답과 가르침들이 공안 화두로 편집되었다.

『벽암록』에 나오는 위 글은 당나라 때 운문종의 종조인 운문 문언(雲門 文偃, 864~949)선사의 화두 내용이다.

운문선사는 선불교에서 무수한 공안을 창조한 최고의 조사이다. 화두는 조사가 제자를 깨달음의 길로 이끌기 위해 만든 일종의 로드맵이다. 따라서 상징적이고 교훈적인 가르침이 담겨 있는 고도의 교육프로그램이다.

한 해가 저물어간 섣달 보름날 법회에서 대중에게 새해 선물로 준 만금에 값하는 다섯 자 법문(日日是好日)이다.

시간은 물처럼 끊임없이 흘러가고, 화살처럼 빠르게 지나가 버린

다. 무상하다. 지나간 시간이나 일에 집착해 봐야 아쉬움만 남아 고통뿐이다. 선사는 놓아버리라고 가르친다. '방하放下하면 벗어난다. 집착하면 묶인다.'

그래서 "15일 이전의 일은 묻지 않겠다"고 하였다. 부처님께서도 열반유훈에서 "세상은 무상하게 변화하니 정진하여 고통에서 벗어나라"고 하셨다.

365일 날마다 행복하면 얼마나 좋겠는가?

만약 이렇게만 할 수 있다면 부처도 부럽지 않고, 대통령도 부럽지 않을 것이다.

운문선사는 '날마다 좋은 날'이란 법상수훈法上垂訓을 대중에게 제시했다. 나머지는 우리의 몫이다. 어떻게 하면 365일을 좋은 날로 살 수 있을까?

이것이 제자들에게 던져준 화두 공안이다. 만 가지 길과 답이 있다. 빠른 길도 있고 느린 길도 있다. 날마다 행복한 길도 있고, 100일만 행복한 길도 있다. 선택은 각자의 몫이고 깜냥이다.

비가 오나 눈이 오나 싫어하는 마음 없이 자연의 순리대로 받아들이면, 봄에는 꽃이 피고, 여름에는 바람이 불고, 가을에는 달이 뜨고, 겨울에는 눈이 내린다. 365일 날마다 호시절이다.

마음이 모든 것을 만든다고, 마음먹기에 따라 제각기 극락과 지옥이 생기고, 부처와 중생의 삶이 펼쳐진다. 좋다 싫다, 크다 작다, 내 편 네 편 하는 시비 분별 망상 때문에 세상의 고통이 생긴다.

그래서 선사는 일구월심日久月深 상대적인 편견과 시비심을 떠나 중도를 찾으라고 설파하는 것이다.

2

차유고피유 차기고피기

此有故彼有 此起故彼起

무엇이 연기법의 법을 설한 것인가? 이른바 이것이 있기 때문에 저것이 있고, 이것이 일어나기 때문에 저것이 일어난다는 것이다. 이것을 연기법의 법설이라고 이른다.

云何緣起法法說인가 **謂此有故彼有**하고 **此起故彼起**한다 **是名緣起法法說**이다 (『잡아함』 12, 법설의설경)

연기법은 관계의 법칙
모든 존재는 서로 의지
관계 잘 맺어야 삶 행복
이것이 깨달음의 사회화

此有故彼有
此起故彼起

云何緣起法法說謂此有故彼有此起故彼起是名緣起法法說

梅雪軒 之

이 게송이 그 유명한 연기송緣起頌 또는 차기송此起頌이다. 부처님이 보리수 아래서 깨달은 진리의 내용이 연기설이다. 부처님은 『잡아함』 12, 연기법경에서 말씀하셨다.

"연기법은 내가 만든 것이 아니요 또한 다른 사람이 만든 것도 아니다. 그러나 그것은 여래가 세상에 나오거나 세상에 나오지 않거나 법계에 항상 머물러 있다. 여래는 이 법을 스스로 깨닫고 정각正覺을 이루어, 모든 중생을 위하여 설법하였느니라. 이른바 '이것이 있기 때문에 저것이 있고 이것이 일어나기 때문에 저것이 일어난다'는 것이다."

연기법이란 존재에 대한 관계의 법칙이다. 인간과 인간의 관계, 인간과 자연의 관계, 자연과 자연의 관계를 잘 알고 활용하는 사람은 연기법을 잘 아는 지혜로운 사람이다. 모든 존재의 생멸과 성쇠는 '~ 말미암아 일어난다'는 것, 곧 다른 무엇인가와의 관계에서 일어나는 현상계의 상황이라 할 수 있다. 나무가 자라면 꽃이 피고, 나비가 찾아온다. 콩을 심으면 콩이 나온다. 모든 현상은 아무런 원인이나 조건 없이 자기 스스로 또는 우연히 이루어지는 것은 하나도 없다. 하나의 짚단은 똑바로 서 있지 못한다. 그러나 두세 개의 짚단을 함께 묶으면 설 수 있다.

모든 존재는 서로 의지하고 관계를 맺고 있다. 관계를 잘 맺고 사는 사람이 행복한 삶을 살 수 있다. 이것이 연기의 법칙이고, 인과의 법칙이고, 인연의 법칙이다.

무명無明과 애욕愛慾에 의해서 고통이 생겨난다. 무명을 타파하고, 애욕을 꺾어버리면 고통에서 벗어난다. 불교의 궁극의 목표가 괴로움에서 벗어나는 해탈이다. 진리를 모르는 무지無知, 즉 무명을 없애면 고통이 없어지는 연결 고리를 밝힌 것이 연기법이다. 12가지 과정으로 설명한 것이 십이연기설이고, 현실세계의 고통을 관찰하여 치유하는 과정을 인과로 설명한 교법이 사성제四聖諦이다. 사성제 가운데 괴로움을 없애는 길을 밝힌 도성제道聖諦가 팔정도이고 중도中道이다. 이것이 부처님이 진리를 깨닫고 녹야원에서 교진여 등 5비구에게 최초로 설한 초전설법이고 원음이다.

대승불교가 흥기하면서 『반야경』에서 일체개공一切皆空을 주장하였다. 이는 연기를 무자성無自性과 공空으로 해석한 것이다. 세상은 자신의 고유한 실체가 없으므로 여러 가지 요소들이 모였다가 흩어지는 변화무쌍한 모습을 보이는 것이다. 제행무상이고 제법무아이다. 모든 물체는 자신의 고유한 실체가 없는 무자성이고 무아다. 모든 사물들이 상호관계를 맺으면서 인연 화합에 따라 현상체를 이루고 있다가 인연이 끝나면 흩어져 자연 속으로 되돌아가는 것이 연기의 법칙이다. 색즉시공이고 공즉시색이다.

부처님이 깨달으신 날은 음력 12월 8일이다. 불교는 이 성도일로부터 시작된 것이다. 어쩌면 '부처님 오신날'보다 더 의미 있는 날이다. 부처님께서 깨달으신 진리의 내용이 연기법이다. 부처님께서는 "모든 존재는 연기로 이루어져 있다. 연기를 보는 자는 법을 보고, 법을 보는 자는 여래를 본다."고 하셨다.

부처님께서 깨달으신 것은 이처럼 명료하다. 문제는 불자들이 성도일의 의미를 살리고, 깨달음을 실천하는 깨달음의 사회화에 있다고 하겠다. 불교가 동면冬眠에서 깨어나 성도일이 온 국민에게 깨달음을 주는 축제의 날이 되기를 기원한다.

3

초발심시변정각
初發心時便正覺

부처를 이루고자 처음 발심할 때의 그 마음이 곧바로 깨달음이요, 생사의 고통과 열반의 즐거움이 항상 함께 하네.

初發心時便正覺이요 **生死涅槃常共和**이네 (「화엄일승법계도」)

부처되려 마음 낸 순간
깨달음 정각 기약한 것
범부와 부처 차이 없어
초심으로 수행하면 성불

신라 때 해동 화엄종조인 의상대사의 「화엄일승법계도」(원제목), 줄여서 「법성게法性偈」라고 부르는 7언 30구 210자 게송의 일부이

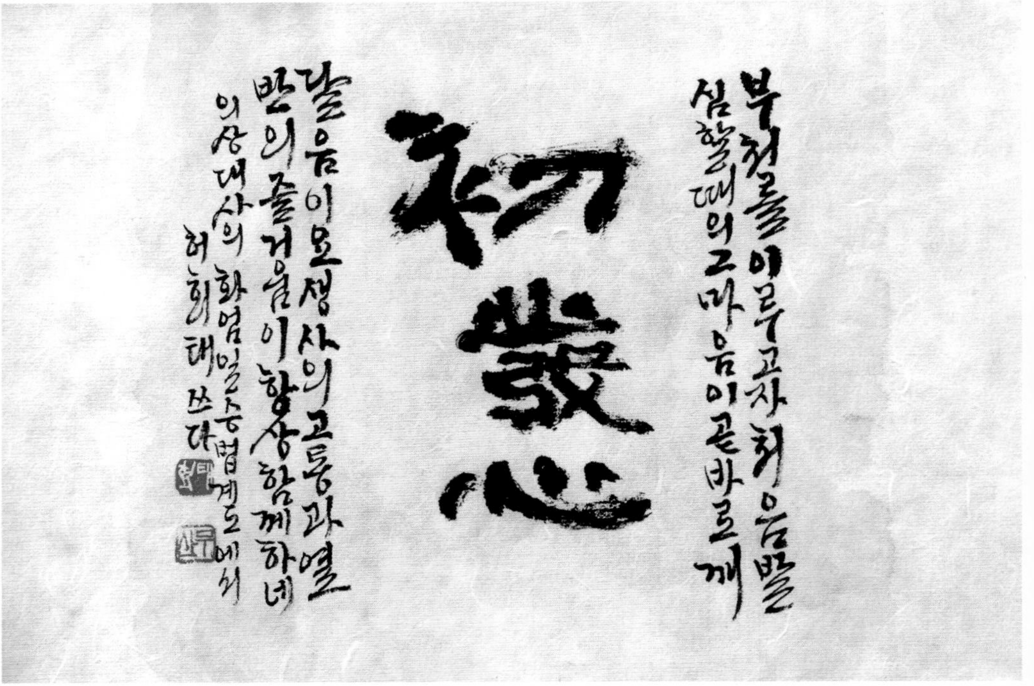

부처를이루고자처음발
심할때의그마음이곧바로깨

初發心

달음이요생사의고통과열
반의즐거움이항상함께하네
의상대사의화엄일승법계도에서
허회태 쓰다

다.「법성게」는『화엄경』의 내용과 사상을 가장 잘 요약한 책으로 유명하다.

최치원이 쓴「의상전」에 의하면, 의상대사가 당나라에 유학하여 지엄대사에게『화엄경』을 배우던 어느 날 꿈에 부처님이 나타나 '스스로 깨달은 바를 저술해서 남에게 알리는 것이 마땅하다'고 일러주었다. 이에 분발하여『대승장』10권을 편집하여 스승에게 바치니, 다시 쓰라고 하였다. 의상대사가 부처님 앞에서 '부처님 가르침에 맞는다면 이 책이 불에 타지 않게 하소서'라고 기도하고 책을 불 속에 던졌는데, 그중에서 210자가 타지 않은 기적이 일어났다. 의상대사는 타지 않은 210자의 순서를 배열하여 게송을 만들었는데 이것이「법성게」이다.

『화엄경』초발심공덕품에 부처가 되고자 처음 발심하는 공덕에 대하여 다음과 같이 설하고 있다.

"제석천왕이 법혜보살에게 물었다. '보살이 처음으로 보리심을 내면 그 공덕이 얼마나 됩니까?' 법혜보살이 말하였다. '이 이치가 깊고 깊어서 말하기 어렵고 분별하기 어렵고 믿고 이해하기 어렵고 증득하기 어렵고 행하기 어렵고 통달하기 어렵고 생각하기 어렵고 헤아리기 어렵고 들어가기 어려우니라. …… 보살이 처음 발심한 공덕은 무엇과도 비교할 수 없이 무량한 공덕이 있느니라.'"

처음 시작하는 마음이 굳건해야 마침내 일을 성취할 수 있다. 처음 시작하는 마음을 일으키지 않으면 아무 일도 이룰 수 없다. 첫 걸음의 방향이 바르게 되어야 목적지에 도달할 수 있다. 첫 걸음이 호리毫釐라도 차이가 나면 천지간의 차이가 난다.

『화엄경』에서는 삼라만상의 현상세계를 여래성기如來性起, 즉 부처가 출현한 모습이라고 한다. 화엄세계이고 우주광불宇宙光佛이다. 이 땅의 한 생명이 존재하기까지 억겁의 인연연기와 불가사의한 공덕이 있었던 것이고, 결국 부처 아닌 것이 없다.

중생은 눈에 보이는 현상세계事法界만 이해하고 살아간다. 깨달음은 얻은 사람은 모든 존재가 실체와 자성自性이 없는 공空의 세계, 즉 눈에 보이지 않는 본체계(理法界)까지도 이해하고 살아간다. 깨달음의 눈으로 보면 현상계와 본체계가 걸림이 없는 이사무애理事無礙이고, 현상계가 그대로 완벽한 부처의 세계인 사사무애법계이다. 번뇌가 곧 깨달음이고, 중생이 부처이다. 생사가 곧 열반이고, 초발심이 깨달음이다.

부처가 되겠다고 처음 마음을 일으키는 순간 깨달음의 정각을 기약한 것이다. 범부가 본래 부처이기 때문이다. 범부와 부처의 차이는 차이가 없다. 다만 범부는 스스로 부처임을 모르고 중생심으로 사는 것이고, 부처는 스스로 부처임을 알고 부처의 마음으로 사는 것이다. 원인과 결과가 함께 긴밀하게 관계가 있어 그 인因 안에 과果가 들어 있는 인과불이因果不二이고, 인과교철因果交徹이다. 이것이 여래장이고, 불성이다.

처음 불문에 입문할 때의 견성성불과 중생구제의 초심初心으로 돌아가 수행하면 성불하지 못할 이가 어디 있으며, 불국토를 이룩하지 못할 이유가 어디에 있겠는가?

4

지도무난 유혐간택

至道無難 唯嫌揀擇

지극한 도에 이르는 길은 어렵지 않으니 오직 간택하는 마음을 꺼릴 뿐이네. 다만 미워하고 사랑하는 마음만 없으면 본래 마음이 막힘이 없이 트이어 밝고 환하게 드러나네.

至道無難이요 **唯嫌揀擇**이니 **但莫憎愛**하면 **洞然明白**이네 (『신심명』)

우리 마음은 본래 청정
오염시키지만 않으면
별도 수행할 필요 없어
분별 타파가 수행 본분

『신심명』은 중국 선종의 3조사인 승찬(僧璨, ?~606)대사가 지은

책으로 본래 마음자리인 일심중도一心中道의 세계를 설한 운문체 게송이다. 고래로 영가선사의 『증도가』, 확암선사의 『십우도』, 종색선사의 『좌선의』와 함께 '선종사부록'으로 널리 알려진 선서이다. 선종의 핵심사상을 간결하고 명료하게 나타내서 선가 수행자에게 교과서와 같은 역할을 해왔다. 위 4언게송은 『신심명』 146구 584자의 내용을 16자로 요약한 엑기스이다. 『벽암록』에 '제2칙 조주지도무난'으로 나오고, 『조주록』에도 수차례 인용되고 있다.

우리의 마음은 본래 청정하고 평등하다. 나의 성품인 자성이 곧 부처의 성품인 불성이다. 그대로 천진불이다. 그래서 고경古鏡에 이르기를 "나의 본성이 본래 스스로 청정하다. 그러니 오염시키지만 않으면 그대로 부처이다."고 하였다. 마음을 오염시킨다는 뜻은 고요한 마음에 평지풍파를 일으키는 사량분별을 하고, 시비정사是非正邪를 가려서 취사선택을 하는 것이다. 그래서 증애원친憎愛怨親하는 마음은 번뇌의 구름을 일으켜 스스로 고통의 지옥을 만든다.

본래불本來佛이니 마음을 오염시키지만 않으면 따로 수행할 필요가 없다. 좋고 싫고 하는 마음, 즉 분별심만 일으키지 않으면 된다. 시비심과 증애심을 놓아버려라. 집착하는 마음을 놓아버려라. 그러면 본래 마음인 불성이 저절로 드러나서 부처가 된다. 이것이 역대조사가 주장자를 휘두르며 한결같이 부르짖는, 부처가 되는, 깨달음의 길에 이르는 공통적인 가르침이다.

본래 마음은 허공과 같아서 가운데도 가장자리(邊見)도 없다. 실체가 없어서 모양도 색깔도 없다. 크기도 없고 무게도 없다. 비유비무非有非無인 공의 세계이다. 진공眞空이 묘유妙有하여 실체가 없으나 분명히 마음의 작용이 있다. 유무, 시비, 선악, 미추, 증애, 취사 등 상대적이고 대립적이고 이원화된 생각이 떠나 있는 중도이다. 선가에서 깨달음이란 참선 수행을 통하여 만물을 인식하고 판단하는 주체가 되는 마음의 정체를 깨닫는 것이다. 그것이 자성 불성이고 일심 중도이다. 그래서 선종을 불심종佛心宗이라고 부른다.

『신심명』에서 "깨달으면 좋아하고 싫어하는 마음이 없고, 미혹하면 고요함과 어지러움이 생겨난다", "득실, 시비를 놓아버려라"고 하였다. 『신심명』은 상대적인 대립어를 통하여 일심 중도의 마음세계를 밝힌 명문 게송이다. 깨달음의 노래인 선시의 원형이다.

승찬대사는 "미워하고 사랑하는 마음만 없으면 본래 마음이 막힘이 없이 환하게 드러나서 부처의 마음이다"고 했다. 어느 한쪽, 양변에 치우쳐서 싫어하고 좋아하는 마음을 일으키면 애착과 취사심이 생겨서 고통이 따른다. 차별화된 생각으로 양쪽으로 치우친 극단적인 편견을 일으키면 실상과 진실을 바로 볼 수 없고 결국 고통을 낳게 된다.

대주 혜해大珠慧海선사의 『돈오입도요문론』에 "사랑하고 미워하는 생각을 가지고 보면 치우친 변견인 중생의 눈이며, 그런 생각을 떠나서 보면 그것이 중도 정견의 부처님의 눈이다"라고 하였다.

불가에서는 여름 세 달, 겨울 세 달 안거 수행을 한다. 수행자들이 가능한 한 외부와의 접촉을 끊고 오로지 수행에만 전념하는 기간이다. 수행자들이 용맹정진을 통해 화두 관문을 통과하고 유무有無, 시비是非의 분별심과 간택심을 타파하고자 하는 것이다.

5

정진시석가 직심시미타

精進是釋迦 直心是彌陀

정진이 석가모니이요 곧은 마음이 아미타불이네. 밝은 마음이 문수보살이요 원만한 실천행이 보현보살이네.

精進是釋迦이요 **直心是彌陀**이네 **明心是文殊**이요 **圓行是普賢**이네

(『청허당집』)

그림 속 떡은 배고픔 해결 못해
성공한 사람들의 공통점은 노력
부처님도 시종일관 정진행 실천
정진하면 누구나 부처될 수 있어

임진왜란 때 나라를 구한 호국대성사 서산대사의 시문집인 『청허

당집』에 나오는 돈교송의 일부이다. 돈교송頓教頌은 서사대사가 31세에 중생계와 성인계가 오직 내 마음이 어떻게 작용하느냐에 따라서 펼쳐진다는 삼계유심三界唯心과 만법유식萬法唯識의 세계를 읊은 깨달음의 노래이다.

성공한 사람들의 공통점은 부단한 노력이다. 노력하지 않고 성공한 사람은 없다. 노력 끝에 성공이란 격언이 있듯이 뼈를 깎는 부단한 노력을 통하여 일을 성취한 것이다. 석가모니 부처님도 6년 동안 설산고행을 통하여 깨달음을 이룩한 것이다.

부처님께서는 깨달음을 얻으신 후 초전설법에서부터 열반에 드시는 순간까지 시종일관 실천행으로 '정진'을 강조하셨다. 팔정도에서 '정정진正精進', 육바라밀에서 '정진', 열반유훈에서도 "세상은 변화하여 무상하니 열심히 정진하여 생사의 고통에서 벗어나라"고 하였다.

부처님께서 설하신 깨달음의 지혜를 얻기 위한 실천수행법을 37가지 수행 덕목으로 정리한 교법이 37도품(4념처·4정근·4여의족·5근·5력·7각지·8정도)인데, 4정근을 비롯하여 정진여의족精進如意足, 정진근精進根, 정진력精進力, 정진각지精進覺支, 정정진正精進 등으로 정진이 주류를 이루고 있다.

그래서 서산대사는 범부중생이 정진하면 석가모니와 같은 부처가

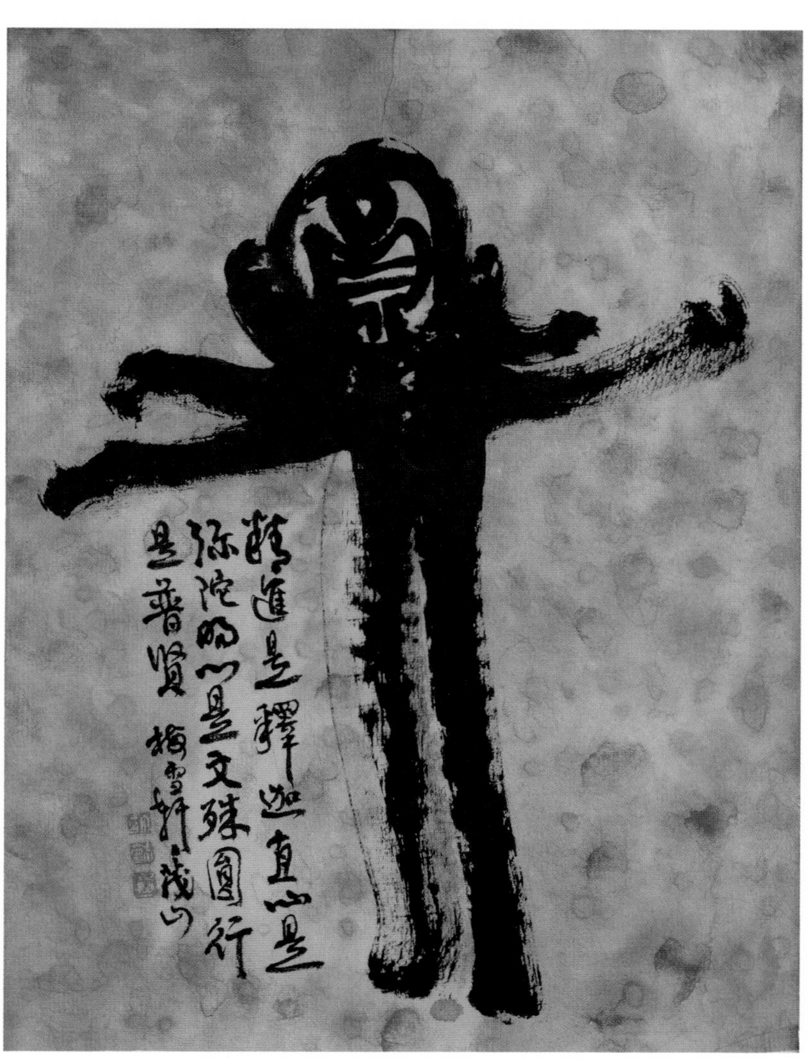
精進是釋迦直心是
弥陀明心是文殊圓行
是普賢
梅雪軒 淺山

된다고 한 것이다. 그야말로 정진불精進佛이다. 『법구경』에서도 "지혜로운 사람은 부지런하고, 어리석은 사람은 방일하다"고 하였다.

무상하고 허망한 삶을 극복하는 길은 오직 정진하여 열심히 사는 길뿐이다.

철학자 스피노자는 "내일 지구의 종말이 온다 하더라도 나는 오늘 한 그루 사과나무를 심겠다"고 했다. 생각과 관념만으로는 생사의 고통과 허망함을 해결할 수 없다. 그림의 떡은 배고픔을 채우지 못한다.

땅에서 넘어진 자는 땅을 짚고 일어나라는 말처럼 현실의 생활 속에서 투철하게 무상과 고통과 부딪치며 정진의 힘으로 이겨내야 한다. 정진으로 나아가면 고통이 약이 되고, 번뇌가 깨달음에 이르게 하는 과정이 되어 수행이 완성되고 행복한 삶이 이루어진다.

『유마경』에서는 "정직하고 곧은 마음이 부처가 머무는 도량이다"고 했는데, 서산대사는 "직심이 아미타부처님이다"고 하였다. 마음이 밝아서 지혜 광명이 빛나면 스스로 문수보살의 화신이 되는 것이고, 보현보살의 십대원을 원만히 실행하면 내가 곧 보현보살의 화현이다고 설하였다.

자비로운 마음으로 고통 받고 있는 이웃을 돕고 구제하면 그 사람이 관세음보살의 화신이고, 음욕과 탐욕스런 마음으로 어리석게 살면 그 사람의 세계가 아귀요 축생이다.

"정진하면 누구나 부처가 될 수 있고, 마음이 밝으면 내 스스로 문수보살이다"는 서산대사의 가르침을 가슴에 담고 힘차게 살아가자.

6

불연세속 시명출가
不戀世俗 是名出家

마음속의 애욕을 여의는 사람을 사문이라 이름하고, 세속의 일을 그리워하며 집착하지 아니함을 출가라고 말하네.

離心中愛를 **是名沙門**이요 **不戀世俗**을 **是名出家**이네

(『초발심자경문』 발심수행장)

수행자에 재물·여색은
독사보다 무섭다 경계
출가자 진정한 출가는
보리심 내서 하는 수행

이 글은 『초발심자경문』 가운데 원효대사의 「발심수행장」에 나오

離心中愛是名沙門

沙門出家

不戀世俗是名出家

는 출가 사문과 출가에 대한 정의이다.

『초발심자경문』은 출가한 사미승이 처음 배우는 글이다. 처음 발심하여 출가한 스님에게 세속의 애욕을 끊고 열심히 수행정진할 것을 스스로 깨닫도록 일깨우는 세 편의 글을 모은 책이다. 고려 보조국사 지눌스님의 '계초심학인문', 신라 원효스님의 '발심수행장', 그리고 고려말기 야운스님의 '자경문'이다.

『초발심자경문』은 우리나라의 대표적인 고승 세 분이 쓴 글로 명문이다. 중국에서 출가 수행승을 위하여 편집된 『치문경훈』과 더불어 강원의 이력교과과정履歷敎科課程 가운데 사미과에서 공부하는 교과서이다.

세상의 인연과 욕망을 끊고 출가 수행자가 되는 일이 어찌 쉬운 일이겠는가?

모든 것을 버릴 줄 아는 대장부의 기개를 가진 사람이 부처가 깨달은 진리를 구하겠다는 보리심을 일으켜서 발심 출가한 것이다. 출가는 위대한 포기이다. 세상의 욕망으로부터 떠남이다. 출리出離이다.

부모형제로부터 떠나는 출가出家요, 욕망으로부터 떠나는 이욕離欲이요, 형상과 물질의 집착으로부터 떠나는 이상離相이다. 그러면 이욕불離欲佛과 이상불離相佛이다.

세상 사람들이 구하는 가치 기준은 재물과 미인과 명예이다.

출가 사문은 이것으로부터 멀리 벗어나 또 다른 삶의 가치를 제시하는 여래의 사도使徒요 진량津梁이다. 세속적 욕망을 버림으로써 재가신도에게 신행의 귀의처가 되어 삼보의 귀경을 받는 것이다. 그래서 수행자에게 재물과 여색의 재앙은 독사보다도 무섭다고 경계하였다. 그것은 썩음이요, 사망에 이르는 길이다.

원효대사는 "출가 수행자가 비단옷을 입는 것은 개가 코끼리 가죽을 입는 것과 같고, 도를 닦는 사람이 연인을 그리워하는 것은 고슴도치가 쥐구멍으로 들어가 빠져나오지 못함과 같다"고 하였다.

중국 조동종의 종조인 동산 양개洞山良价선사가 출가하면서 어머니에게 올리는 편지글은 불자들의 마음을 뭉클하게 감동시킨다.

"한없는 부모의 은혜를 갚고자 할진대 출가의 공덕만한 것이 없을 것입니다. 삶과 죽음으로 이어지는 애정의 물줄기를 끊고, 번뇌로 가득 찬 고통의 바다를 뛰어넘음으로써 부모의 은혜에 보답할 것입니다. …… 한 아들이 출가하면 구족九族이 천상에 태어난다고 했으니 소자 양개는 금생의 몸과 생명을 버릴 때까지 집으로 돌아가지 않고, 맹세코 반야의 지혜를 밝힐 것을 맹세하옵니다."

같은 돌이라도 쪼아서 불상을 만들면 신행의 대상이 된다. 삭발염의하고 출가위승이 되어 참답게 수행하면 승보僧寶가 된다. 출가자는 온갖 그릇된 견해를 멀리하고, 마군을 항복시킨다. 지혜의 눈을 밝게 하여, 사람들의 복전福田이 된다.

『유마경』에서는 "최상의 깨달음에 대한 마음을 내면 이것이 곧 출가이다."라고 하였다. 진정한 출가는 보리심菩提心을 내서 수행하는 것이다.

7

수처작주 입처개진

隨處作主 立處皆眞

그대가 머무는 곳마다 주인(주체)이 되면, 그곳이 진리의 세계가 되니 어떠한 경계에도 잘못에 이끌리지 않을 것이다.

隨處作主하여 **立處皆眞**하면 **境來回換不得**이다 (『임제록』)

인간 주체성 선언 말씀
내 마음이 곧 부처이니
주인이란 의식 가질 때
삶도 긍정적으로 변화

임제종의 종조인 임제 의현(臨濟義玄, ?~867)선사의 어록인 『임제록』을 대표하는 으뜸구로 인간의 주체성을 선언한 말씀이다. 임제종은 중국 선종의 5가7종 가운데서 가장 정통적인 종파인데, 한국불교의 최대 종단인 조계종은 임제종의 종풍을 계승한 선종이다. 임제선사의 선사상에서 가장 크게 영향 받은 것이다. 고려 말에 태고 보우太古普愚선사가 중국 원나라에 유학하여 임제종 양기파楊岐派에 속하는 석옥 청공石屋淸珙의 선맥을 전승해 왔다.

『임제록』은 예로부터 '종문宗門 제일의 서'로 불릴 뿐만 아니라, '선어록의 왕'이란 지위를 지켜왔다. 일본의 철학자 이시다 기타로(西田幾多郎) 박사는 2차 세계대전 중에 일본에서 귀중한 서적이 모두 불타 없어져도 『임제록』만 타지 않고 남으면 만족하겠다고 말한 바 있다.

임제선사는 머무는 곳마다 그곳에서 주인이 되면 바로 그곳이 진리의 세계가 된다고 하였다. 설사 지옥에 떨어졌더라도, 지장보살과 같이 지옥중생을 구제하기 위해 내가 스스로 지옥에 왔다고 하는 생각만 갖는다면 지옥이 곧 연꽃이 피어나는 극락세계가 된다고 하였다. 현대 실존철학자들도 인간이 어떻게 살아야 하는가에 대한 해답으로 주체적인 삶, 주체적인 인간을 주장하였는데, 이는 임제선사의 사상과도 일치한다고 할 수 있다.

임제선사는 "구도자는 무엇보다도 진정한 견해에 대한 깨달음을 신중히 생각해야 한다. 스스로 각고 분투하여 몸으로 부딪쳐 체구연

마體究鍊磨하여 투철한 깨달음을 얻으라"고 하였다.

임제선사는 투철한 깨달음과 진정한 견해를 강조하였다. 그가 주장한 진정한 견해란 "나 밖에서 부처를 구하지 말고 내 마음이 부처임을 알라. 어느 곳에서나 항상 주체(주인)가 되라. 그러면 어떤 경계에도 얽매이지 않는 해탈한 자유인이 된다"고 한 것이다.

만해 한용운과 인도의 간디는 독립운동을 하다가 수없이 감옥에 갔지만 자기가 조선과 인도의 주인이라고 생각했기 때문에 감옥에 갇히는 것을 두려워하지 않았다. 나라의 주인된 자로서 독립운동을 하다가 감옥에 갇혀 고문을 당했을 때 주인으로서 당연한 행위라고 생각했기 때문에 어떤 고문도 감내할 수 있는 용기가 있었다. 오히려 감옥에 있는 자신을 자랑스럽게 생각했다.

우리가 한 생각을 돌이켜서, 나그네라는 의식에서 주인이라는 의식을 갖게 되었을 때 세상은 아름다워지고, 삶은 긍정적으로 변화한다. 지옥과 극락이 따로 존재하는 것이 아니라 내 마음 따라 지옥도 만들고 극락도 만든다. 유심소현唯心所現이다.

8
즉득견성 직료성불
卽得見性 直了成佛

오조 홍인대사께서 출가·재가의 여러 대중에게 항상 권유하기를 "금강경 한 권만 가지고 공부하면 곧 자기 본래성품을 보고, 바로 부처가 된다"고 하였다.

大師께서 **勸道俗**하기를 **但持金剛經一卷**하면 **卽得見性**하여 **直了成佛**한다고 하였다 (『돈황본 육조단경』)

금강경 갖고 공부하면
본래성품 보고 부처돼
중생이 집착한 욕망은
허공에 핀 꽃과 같아

참선을 수행의 근간으로 삼는 선종은 '불립문자不立文字 교외별전敎外別傳 직지인심直指人心 견성성불見性成佛, 즉 대장경과 같은 문자를 내세우지 않고 경전 밖에서 따로 마음과 마음으로써 전하여 곧바로 사람의 마음을 가리켜서 본래 자기성품을 보고 부처가 된다'를 종지宗旨로 삼기 때문에 경전을 무시한다.

그럼에도 불구하고 중국의 선종과 한국의 조계종단에서는 『금강경』과 『육조단경』을 소의경전으로 삼고 있다. 그 이유는 선종사상과 『금강경』 사상이 잘 부합되며, 『육조단경』 또한 『금강경』 사상이 잘 나타난 육조 혜능대사의 설법집이기 때문이다. 중국 선종에서 『금강경』을 소의경전으로 삼은 것은 오조 홍인대사 때부터이다.

홍인대사는 『금강경』만 수지독송하면 누구나 스스로 자기 성품을 곧바로 보고 부처가 될 수 있다고 제자들에게 가르쳤다. 육조 혜능대사도 『금강경』의 '응무소주 이생기심應無所住而生其心, 마땅히 집착하는 마음이 없이 그 마음을 내라'고 한 말씀을 듣고 발심하여 출가하였고, 그것을 참구하여 견성성불하였다. 초조 달마대사가 선법을 이조 혜가대사에게 전법할 때는 『능가경』을 함께 전수하였다. 이후 중국 선종이 『금강경』과 함께 한 것은 혜능대사의 『육조단경』과 직접 관계가 있는 것이다.

『금강경』은 무아, 즉 공사상을 밝힌 초기 대승경전이다. 모든 존재

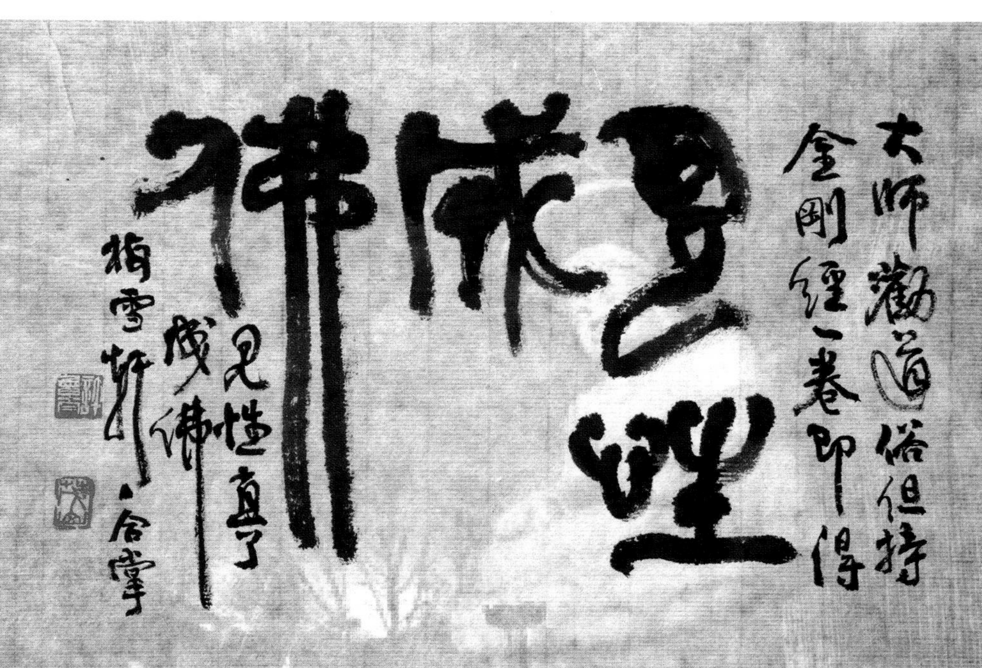
見性成佛
大師勸道俗但持金剛經一卷即得見性直了成佛
梅雪軒 合掌

가 자신의 고유한 성품, 즉 실체가 없어 여러 가지 요소들이 인연화합하여 형성된 것이라는 사실을 이해하고 깨닫는 것을 반야지혜라고 한다. 금강석과 같이 빛나는 이 지혜로 집착하는 번뇌의 고질병을 능히 치료할 수 있다고 하여 '능단금강能斷金剛반야바라밀다경'이라고 부른다.

고통은 고정화된 것이 아니다. 실체가 없는 객진번뇌客塵煩惱이다. 본래가 실체가 없는 공인 줄 알면 고통은 연기처럼 사라진다. 고통은 집착하는 마음에서 생긴다. 본래가 무일물無一物이다. 덕이본 『육조법보단경』에 나오는 혜능대사의 오도송인 "보리본무수菩提本無樹 명경역비대明鏡亦非坮 본래무일물本來無一物 하처유진애何處有塵埃"의 내용이다. 돈황본 『육조단경』에는 "보리본무수 명경역무대 불성상청정佛性常淸淨 하처유진애"로 되어 있다. 본래 청정한 자기 성품에는 티끌이 없기 때문에 마음에 번뇌가 있을 수 없음을 읊은 것이다. 우리의 성품이 본래 청정한 줄을 바로 아는 것이 선종의 돈오 견성이다.

선에서는 고정관념과 집착하는 마음을 놓아버리라고 강조한다. 이것이 방하착放下着이다. 중생이 붙들고 있는 허망한 욕망은 꿈이요 환상이다. 허공 속에서 핀 꽃과 같은 것이다. 꿈에서 깨어나면 미혹과 고통은 곧바로 사라진다. 이러한 반야의 공사상을 석가모니는 미혹한 중생을 위하여 21년 동안『반야경』에서 자세히 설하셨고, 중국 선종의 종주인 혜능선사는『육조단경』에서 단번에 돈오頓悟 견성하여 일초직입여래지一超直入如來地하라고 가르친 것이다.

교教는 부처님의 말씀이고, 선禪은 부처님의 마음이다. 교와 선은 본래 그 뿌리가 같은 하나이다. 선교일치이다. 선과 교의 우열을 논하는 것은 아버지와 어머니의 우열을 논하는 것과 같은 어리석은 행위이다.

9

삼계개고 아당안지
三界皆苦 我當安之

하늘 위 하늘 아래에서 내가 홀로 가장 존귀하다. 온 세상의 모든 고통을 내가 마땅히 해결하여 편안케 하리라.

天上天下에서 **唯我獨尊**이다 **三界皆苦**이니 **我當安之**하리라

(『수행본기경』 강신품)

불교 특성을 축약한 말
인류 최초의 인간선언
중생이 미혹 벗어나고
욕망 떨치면 바로 부처

이 게송이 석가모니 부처님께서 룸비니 동산에서 태어나실 때 동

서남북 사방으로 일곱 걸음(七步周行)를 걸으면서 하신 성탄게송이다. 불교의 특성을 한마디로 요약한 것이다. 한 손은 하늘을 가리키고, 한 손은 땅을 가리키며 '천상천하 유아독존'이라고 하였는데, 글자 그대로 해석하면 "하늘 위 하늘 아래에서 오직 나만이 홀로 존귀하다"는 뜻이다.

여기서 '유아독존'의 '아我'는 부처님 자신뿐만 아니라 모든 인간을 가리킨다. 고대 인도에서는 브라흐만 신이 절대적으로 인간 세상을 지배하여 길흉화복을 좌지우지한다고 믿었다. 인간은 신의 노예에 불과하다고 생각하였다. 당시 인간의 행복과 불행이 신의 뜻에 따라 좌우된다는 삼종외도설 중의 하나인 신의설神意說을 부정한 것이다. 영국의 호킹 박사는 신과 천국·지옥 이야기를 어린이의 동화와 같은 수준의 환상이라고 하였다.

석가모니는 인간이 가장 위대하다고 주장한 것이다. 이는 최초의 '인간선언'이다. 인간은 모두가 평등하고 존귀한 존재임을 밝힌 것이다. 인간은 만물의 영장으로, 자유의지를 가지고 세상을 인식하고 창조하는, 생명체(중생)를 대표하는 존재이다.

아기 부처님이 룸비니 동산에서 태어나면서 일곱 걸음을 걸었다는 말은 중생이 사는 고통의 세계인 육도六道에서 한 걸음 더 나아가 고통에서 벗어났음을 상징한다.

'삼계개고 아당안지'는 고해苦海와 화택火宅 속에서 고통 받고 있는 모든 고륜중생苦輪衆生을 부처님께서 깨달음의 진리로써 편안케 해주겠다는 '평화의 선언'이요 '행복 선언'이다. 석가모니의 가르침은 한 마디로 이고득락離苦得樂이다. 고통에서 벗어나기 위해서는 지혜가 필요하다. 이것이 부처님이 깨달으신 진리의 내용이다. 고통을 없앨 수 있는 교법敎法이 중도와 사성제이다. 고통이 없으면 행복이다. 스스로 병이 없는 줄 알면 그 동안 앓던 병이 사라진다. 병이 있더라도 의사가 치료해 주면 병이 없어진다.

고통 받고 있는 중생의 병을 치료해 주기 위해 이 땅에 오신 석가모니 부처님을 대의왕大醫王이라고 칭하고, 중생을 위하여 설한 부처님의 45년 설법을 응병설약應病設藥이라 한다.

행복은 마음이 즐거운 상태이다. 행복은 마음먹기에 달렸다고 한다. 물론 행복해지기 위해서는 외부적인 환경 요인도 중요하지만 마음이 환경을 선택하고 바꾸기 때문에 마음이 주主가 되는 것이다. 그래서 『유마경』에서 "마음이 청정하면 국토가 청정해진다"고 하였다.

부처님께서 우리 곁으로 오신 뜻은 중생이 부처임을 일깨우기 위해서이다. 내 마음이 부처임을 깨우쳐 주기 위해서다. 중생이 미혹迷惑에서 벗어나면 바로 부처이고, 욕망을 떨쳐버리면 바로 부처이다.

마명보살은 『불소행찬』에서 "맑고 온화한 기운이 알맞게 고르고 재계齋戒하고 깨끗한 덕 닦았기에 보살은 오른쪽 옆구리로 나셨네. 큰 자비는 온 세상을 건지려 하였기에 어머니를 해산의 고통이 없게 괴롭히지 않았네"라고 아기 부처님의 탄생을 노래했다.

10

수득선지식 시도견성

須得善知識 示導見性

삼세의 모든 부처님과 십이부의 경전에서 이르기를 "부처의 성품은 사람들의 본성 가운데 본래부터 갖추어져 있다"고 하였다. 그런데도 자신의 힘으로 깨닫지 못하는 사람은 반드시 선지식의 지도를 받아서 자신의 본래 성품을 보도록 하라.

三世諸佛과 十二部經에 云하기를 在人性中하여 本自具有한다 不能自悟하거든 須得善知識示導하여 見性하라 (돈황본 육조단경)

대장경 말씀의 핵심은
'모두가 본래불성 구족'
스스로 깨닫지 못할 땐
선지식 가르침 받아야

在人性中本自具有

三世諸佛十二部經云
在人性中本自具有不能
自悟須得善知識示導
見性乙未仲夏上澣
梅雪軒主人許會泰

과거·현재·미래의 모든 부처님과 12부로 편성된 팔만대장경에 나타난 말씀들의 핵심은 "불성이 사람들의 본성 가운데 본래부터 구족되어 갖추어져 있다"는 것이다. 그러니 본래불本來佛이요, 심즉시불心卽是佛이다.

그러나 사람들의 마음이 미혹하기 때문에 스스로 깨닫지 못하고 있는 것이다. 스스로 깨달을 수 있는 사람은 자기 밖에 있는 선지식의 힘을 빌릴 필요가 없지만, 만약 자신의 힘으로 자기의 본래성품을 깨닫지 못하거든 반드시 선지식의 가르침을 받아야 한다고 혜능대사는 설법하였다. 이것은 만고萬古의 옳은 말씀이다.

보통사람들이 스스로 알고 깨달을 수 있다면 어찌 학교와 스승이 필요하겠는가?

어떤 이를 대선지식이라 하는가? 가르침을 구하는 사람에게 자신이 체득한 깨달음의 경계를 곧바로 드러내어 부처를 보도록 길을 보여주는 좋은 스승을 뜻한다.

선지식은 좋은 길라잡이이다. 진리를 함께 찾아가는 좋은 친구이며, 높은 덕망과 학덕을 갖추고 정법을 설하여 사람을 바른 길로 인도하는 스승이 선지식이다.

참새는 독수리를 기를 수 없다. 또한 무 밭에서 인삼이 자랄 수 없다. 처음 바둑을 배울 때 18급짜리 바둑선생을 만나서 배우면 평생

18급 바둑 실력을 벗어날 수 없다고 한다. 우리의 인생도 그렇다. 공부하는 사람에게 훌륭한 스승과 선지식을 만나는 일은 큰 행운이다.

『화엄경』에 나타난 선지식에 대한 설명은 다음과 같다. "선지식이란 자애로운 어머니와 같으니 부처님의 종자를 낳기 때문이며, 자애로운 아버지와 같으니 이익을 넓고 크게 하기 때문이며, 유모와 같으니 지키고 보호하여 악을 저지르지 않게 하기 때문이며, 교사와 같으니 보살이 배울 내용을 보여주기 때문이다."

『천태사교의』에는 세 가지 선지식에 대하여 설명하고 있다.

"선지식에는 세 가지가 있으니 하나는 밖에서 보호하는 선지식이고, 둘은 수행을 함께 하는 선지식이고, 셋은 가르쳐주는 선지식이다."

불법을 전하는 사람이나 수행자는 여래의 사자使者로서 이 시대의 선지식이다. 항상 수행을 게을리 해서는 안 될 뿐만 아니라 인격 도야와 학문 연마에 정진해야 한다.

지난 해 필자는 연수차 대만의 교육제도와 학교시설을 탐방한 적이 있다.

이국 땅 숭광여자고급중학교에서 스승의 날을 맞았다. 어느 선생님의 제안으로 스승의 노래를 합창하는데, 짧은 시간에 그 동안의 스승님이 주마등처럼 지나가며 나도 모르게 눈물이 흘러나왔다.

어느 시인은 자신을 키운 것은 8할이 바람이라 했는데, 지금이 있기까지 나를 키운 것은 스승의 은덕이 8할이다. 아버지 같은 스승님이 두 분 계신데 천하의 대선지식이다. 한 분은 돌아가셨고, 한 분은 병마와 싸우고 있다. 스승님의 쾌유를 부처님 전에 기원한다.

11

정전백수자
庭前柏樹子

조주선사에게 어떤 스님이 물었다. "조사가 서쪽에서 온 뜻이 무엇입니까?"

조주선사가 대답했다. "뜰 앞의 잣(측백)나무이다."

趙州에게 因僧이 問하기를 如何是祖師西來意입니까 州가 云하기를 庭前柏樹子이다 (『무문관』)

조주의 정전백수자는
이 나무 저 나무 구분한
분별상의 측백이 아닌
주객이 하나된 '진여'

庭前柏樹子
梅雪軒主人茂山

'정전백수자'는 선가에서 인구에 회자하는 유명한 화두다. 『무문관』 37, 『종용록』 47, 『선문염송』 421에 나타나 있다. 조주백수趙州栢樹라고도 부른다.

'조주선사는 달마대사가 인도에서 깨달음의 수행법인 선법을 중국에 가지고 온 뜻을 묻는 제자의 물음에 왜 바로 눈앞에 보이는 뜰 앞의 잣나무라 했을까?' 이것이 이 화두를 참구參究하는 내용이다. 오로지 '시심마(是甚, 이 뭐고)' 하는 의심을 가지고 생각하는 것이다. 다른 생각이나 분별 지식을 가지고 화두의 의미를 이해하거나 설명하면 사구死句가 되고 만다.

참으로 답답할 노릇이다. 생각이 막히고 논리가 끊어진 경계를 생각하라는 뜻이다. 분별과 차별의 양변兩邊의 상대적 경계를 떠난 공空의 세계를 체득하라는 뜻이다. 이 세계가 중도中道의 세계이고, 일심一心 불이不二의 자성自性 본체의 마음자리이다. 이 세계는 언어문자와 사량분별을 떠난 불립문자의 경계이다.

한마디 말을 붙이면 곧바로 어긋나고 만다(開口卽錯). 그래서 선의 세계에서는 논리와 이론적인 구조를 가진 언어를 배격한다. 그러나 인간의 생각과 모든 문화는 언어문자에 의해서 사유되고 창조된다. 따라서 언어문자에 의해서 기록되지 않는 인간의 문화와 사유의 세계는 소멸되고 만다.

그래서 불립문자를 종지로 삼는 선종의 조사들도 '조사어록'이라 하여 자신이 수행하고 깨달음을 얻은 경계를 기록하여 방대한 선서禪書를 남기고 있다. 제자들을 깨달음으로 인도하기 위해 고도로 상징화되고 축약된 교육 프로그램을 제시하였다. 이렇게 해서 선문답이 생기고, 1,700공안이 만들어졌다.

'정전백수자' 화두가 설해진 절은 조주선사가 80세부터 머물렀던 조주성 동쪽에 위치한 관음원이다. 지금은 절 이름이 조주선사의 '정전백수자' 화두를 나타내는 측백나무가 무성해 있어 백림선사栢林禪寺이다. 현재 절 마당 앞에는 '잣나무'가 아니라 '측백나무'가 무성하다.

우리나라에서는 '백栢'의 한자가 '잣나무(소나무과) 백'과 '측백나무(향나무과) 백'의 뜻을 가지고 사용되어 왔는데, '정전백수자'를 처음 한글로 번역할 때 번역자가 잘 살피지 못하고 '뜰 앞의 측백나무'를 '뜰 앞의 잣나무'로 번역하여, 현재는 '뜰 앞의 잣나무'가 선어의 관용어가 돼서 고치기가 어렵게 돼 버렸다.

조주선사가 말한 측백나무는 우리가 보통 소나무나 은행나무와 구분해서 말하는 분별상의 측백나무가 아니다. 주관(보는 사람)과 객관(측백나무)이 나뉜 상대적 상태가 아닌 주객이 하나가 된 초월적 세계, 즉 진리의 세계, 진여眞如를 가리킨다.

조주선사가 말한 측백나무는 분별적인 개념으로써 물체가 아니라, 눈앞에 현전現前하는 진리 당체當體 바로 그것이다. 촉목보리觸目菩提이고 화엄성기華嚴性起이다. 눈앞에 보이는 현상세계 모두가 부처의 세계이다.

12

일체제법 유심소생

一切諸法 唯心所生

어떤 스님이 묻기를 "어떻게 한 법이 모든 법을 거두어들일 수 있습니까?"라고 하였다.
신수대사가 대답하였다. "마음이란 만법의 근본이다. 모든 법은 오직 마음에서 생겨난다."

問曰하기를 **何一法**이 **能攝諸法**합니까? **答**하기를 **心者**는 **萬法之根本**이다 **一切諸法**이 **唯心所生**이다 (『파상론』)

마음은 일체의 근본이며
주체로 만유의 주인공
내 마음이 아름다우면
보는 세상도 아름다워

心

心者萬法根本
一切諸法唯心所生
梅雪軒主人 茂山

이 글은 당나라 때 혜능대사와 쌍벽을 이루었던 신수대사의 『파상론破相論』에 나오는 마음에 대한 설법이다. 『파상론』은 『관심론』과 같은 책으로, '마음은 일체의 근본으로 모든 법이 오직 마음에서 생겨나니 마음을 깨달으면 일체를 갖추게 되고, 마음을 관찰하는 관심觀心 수행으로 청정한 자신의 본래 성품을 자각하면 무명無明이 제거되어 해탈에 이른다'고 설하고 있다.

마음을 나무가 뿌리에 의지해 있는 것에 비유하여, 뿌리를 제거하면 나무 모두가 죽는다고 하였다. 마음을 깨닫고 수도하면 저절로 이루어지고, 마음을 깨닫지 못하고 수도하면 힘만 들 뿐 아무런 이익이 없다고 설하고 있다.

『선문촬요』에는 『파상론』을 달마대사의 저작으로 수록하고 있으나, 『일체경음의』에 의해 신수대사가 지은 것으로 판명되었다. 신수대사는 생전에 세 황제(三帝)의 국사요 양경兩京의 법주였다. 그의 선 사상을 남돈북점南頓北漸이라는 개념을 만들어 폄하하는 것은 어리석은 일이다.

마음은 모든 사물과 정신세계를 인식하고 판단하는 주체이므로 만유의 주인공이다. 만물은 마음을 떠나서 존재할 수가 없으며, 존재한다고 하더라도 아무런 의미가 없다.

부처님께서는 『증일아함경』에서 "마음이 법의 근본이다(心爲法

本)"라고 하셨다. 『법구경』에서도 "모든 것은 마음에서 나왔고 마음으로부터 이루어진다"고 하였다. 마음이 부처이고, 신이고, 하늘이고, 또한 중생이다.

원효대사가 해골바가지 물을 마시고 깨달은 진리의 내용도 마음이 모든 것을 만들어낸다는 마음법(心法)이다. "마음이 일어나면 여러 가지 법이 일어나고, 마음이 없어지니 감실과 무덤이 둘이 아니네. 삼계가 오직 한 마음이요, 만법이 오직 유식으로 마음 밖에 법이 없으니 어찌 따로 구하랴."

검은 안경을 쓰고 보면 검게 보이고, 빨간 안경을 쓰고 보면 빨갛게 보인다. 세상의 사물은 사람마다 제각기 마음먹은 대로 보인다. 그래서 『잡아함경』에서 "마음이 고뇌하므로 중생이 고뇌하고, 마음이 청정하므로 중생도 청정하다"고 하였다. 내 마음이 아름다우면 내가 바라보는 세상이 아름답다.

내 마음을 내 마음대로 할 수 있는 사람이 도인이고 자유인이다. 성공한 사람의 공통점은 자기 자신을 믿는 자신감이고, 자신의 감정과 욕망을 제어할 줄 알며, 자신이 좋아하고 하고자 하는 일을 열심히 한다는 점이다. 자신의 마음을 믿는 것은 부처가 될 수 있는 불성을 믿는 것이다. 자기 마음이 부처이고 자기가 부처라는 사실을 믿는 것이다. 이것을 확인하는 수행이 참선이다.

마음이 없으면 보이지 않는다. 생각한 대로 보이고 아는 만큼 보인다. 내가 세상을 바꿀 수 없다면, 내 마음을 세상에 맞춰 바꾸면 행복해진다고 한다.

마음이 상(相, 물질·대상)에 집착하면 선입견이 생기고 미혹함이 생겨서 진실을 바로 볼 수가 없다. 그래서 신수대사는 상을 깨 부수(破相)라고 가르친 것이고, 마음을 살피는 관법(觀心)을 통해 본래마음을 발견하라고 가르친 것이다.

13

단식중생 즉능견불

但識衆生 卽能見佛

중생을 알면 곧 능히 부처를 볼 것이다. 만약 중생을 알지 못하면 만겁토록 부처를 찾아도 보지 못한다.

但識衆生하면 **卽能見佛**이요 **若不識衆生**하면 **覓佛萬劫**하여도 **不得見也**이다 (『돈황본 육조법보단경』)

중생은 본래 부처여서
미혹함만 없애면 될 일
땡감 익으면 홍시 되듯
중생이 깨달으면 부처

중생이 부처이다. 중생을 모르면 만겁토록 부처를 찾아도 찾지 못

許會泰合掌

한다. 그것은 중생이 바로 부처이기 때문이다.

불교는 중생이 깨달으면 부처가 되는 일원론의 종교이다. 반면 이웃종교는 인간과 신은 하나가 될 수 없으며, 절대로 스스로 구원을 받을 수 없는 이원론의 종교이다. 반드시 신을 통해서만 구원이 가능하다.

그러나 불교는 중생 스스로 부처가 될 수가 있으며, 스스로 구원이 가능하다. 뿐만 아니라 내가 불우한 이웃도 구제할 수 있다.

중생衆生은 생명체가 있는 모든 무리를 뜻한다. 우주가 형성되고, 지구가 생성되고, 억겁의 인연으로 발생하고 진화하여 지금에 이른 것이므로, 모든 생명은 소중하고 평등하다. 기적적으로 생겨난 불가사의한 존재이다. 모기 하나 벌레 하나의 생명이 생겨나기까지는 수많은 인연 공덕의 힘으로 이루어진 것이다. 만물이 불가사의한 중중무진重重無盡의 인연공덕으로 이루어진 연기緣起이며 성기性起이다.

잘난 중생 못난 중생이 따로 없다. 모두가 기적과 같은 공덕의 산물이다. 그러나 만물 가운데 인간만이 세상을 인식하고 주체적인 삶을 영위할 수 있다. 인간은 진리를 깨달아서 부처가 되기에 가장 합당한 중생이므로 대표적인 중생이 되었다. 스스로 부처임을 확신하는 중생은 부처이고, 스스로 영원한 중생임을 자처하면 중생인 것이다.

완전한 깨달음이란 중생 스스로 부처임을 자각하는 지적智的인 오도이고, 일체 중생을 연민하여 구제하겠다고 하는 비적悲的인 오도이다. 지혜와 자비(智悲)를 겸비한 양족兩足이 완전한 깨달음이다.

『화엄경』에서 "마음과 부처와 중생은 아무 차별이 없다(心佛及衆生是三無差別)"고 하였다.

그래서 선가에서는 한마디로 "중생이 부처이다(衆生卽佛)", "마음이 부처이다(心卽是佛)", "내 마음이 부처이다(自心是佛)"라고 한다. 내 마음의 작용에 따라 중생도 되고 부처도 된다. 그러기 때문에 이 셋은 물과 얼음 그리고 공기와 같이 아무런 차별이 없다.

상황에 따라 액체인 물이 되었다가 얼면 고체인 얼음이 되고, 온도가 올라가서 기화가 되면 H_2O, 즉 수소와 산소가 된다. 유치원생은 만 번을 일러줘도 이 원리를 모른다. 달달봉사 청맹과니 중생은 부처가 되는 도리를 모른다.

만해 한용운의 『님의 침묵』 군말에서는 "중생이 석가의 님이다"고 하였다. 본래 왕후장상이 씨가 없듯이, 부처가 되는 것에도 특별한 씨가 따로 없다. 민중이 표를 많이 얻으면 대통령이 되고, 중생이 진리를 얻으면 부처가 되는 것이다.

개가 자라서 고양이가 될 수는 없다. 그러나 중생은 본래가 부처이기 때문에 미혹함만 없애면 바로 부처가 된다.

그래서 『법화경』에서는 상불경보살이 가르치기를 "중생 모시기를 부처님 모시듯이 하라"고 하였다. 깨달아서 부처가 되고 보면 부처 아닌 중생이 없다. 모두가 부처이고, 세상 모두가 불국토이다. 땡감이 익으면 홍시가 되고, 어린이가 자라면 어른이 된다. 중생이 깨달으면 부처이다.

14

참선결수 구족삼요

參禪決須 具足三要

만일 착실히 참선함을 말하자면 반드시 세 가지 중요한 요건을 갖추어야 한다. 첫째로 중요한 것은 큰 믿음이고, 둘째로 중요한 것은 큰 분발심이고, 셋째로 중요한 것은 큰 의심이다.

若謂着實參禪할 때는 **決須具足三要**이다 **第一要**는 **有大信根**이요 **第二要**는 **有大憤志**요 **第三要**는 **有大疑情**이다 (『고봉화상어록·선요』)

고봉이 임제풍 계승해
간화선 수행과정 밝혀
큰 신심·분발심·의심이
선요 핵심인 참선삼요

고봉 원묘(高峰 原妙, 1238~1295)선사는 남송 말기에서 원나라 초기 때의 인물로 임제선사의 18대 적손이며 가장 투철하게 수행한 수도승이다. 『고봉화상어록·선요』는 그의 깨달음이 성취된 만년의 법문을 기록한 저서로서, 임제선풍을 계승하여 깨달음의 경계와 간화선 수행과정을 밝힌 것이다. 우리나라 강원에서는 사집과에서 필수과목으로 공부하는 교과서이다.

『선요禪要』의 핵심 내용이 참선 삼요三要이다.

화두를 들고 수행하는 간화참선看話參禪에서 갖추어야 할 가장 중요한 세 가지 요건이 첫째는 큰 신심이고, 둘째는 큰 분발심이고, 셋째는 큰 의심이다.

서산대사는 『선가귀감』에서 고봉선사의 참선삼요를 그대로 인용해 소개하면서 주해를 붙여 다음과 같이 설명하고 있다.

부처님께서는 "깨달음을 이루려면 믿음이 근본"이라고 하셨고, 영가 스님은 "수도자는 먼저 굳건한 뜻을 세워야 한다"고 하셨고, 몽산 스님은 "참선자가 화두를 의심하지 않는다면 큰 병이다. 큰 의심을 가져야 크게 깨닫는다"고 하였다.

간화선에서 '시심마(是甚麽: 이 뭐고)' 화두를 참구하는 것은 마음을 한 곳에 모으는 집중이고, 진리에 대한 간절한 호기심이다. 달인들의 공통된 가르침은 '집중력과 끊임없는 호기심'이 근본이라는 것이다.

첫 번째, 큰 믿음은 구도자에게 중요한 덕목이다. 『화엄경』에 "믿음은 도에 이르는 근원이고 공덕의 어머니이다"고 하였다.

경전에 나오는 부처님의 말씀을 믿지 못하면 불교 수행을 할 수 없다. 간화선 수행 역시 조사들이 화두를 통해 깨달음에 이르는 길을 안내한 수행과정 프로그램을 신봉하지 못하면 깨달음은커녕 수도의 효과도 적을 수밖에 없다.

두 번째, 큰 분발심은 목숨을 걸고 기필코 성취하리라는 굳은 원력이다. 큰 뜻을 세우지 않고 크게 성공한 사람은 없다. 천 번은 죽었다가 다시 살아나서 손톱과 발톱이 문드러지고 눈썹이 다 빠져야 걸림이 없는 무심한 도인이 된다.

세 번째, 큰 의심은 자나 깨나 화두를 의심하면서 참선하라는 것으로, 어느 순간에 마음의 정체를 체득하게 된다. 호기심이 강한 과학자가 위대한 발견을 하듯이 크게 의심하는 수행자가 큰 깨달음을 얻는다.

예전에 이 책의 그림을 그려준 무산 허회태의 이모그라피 전시회에 참석한 적이 있다. 축사를 하는 어느 분이 예술가가 갖추어야 할 세 가지 요건을 『선요』에 나오는 삼요를 들어서 설명하였다.

"예술가는 자기 자신의 예술세계에 대한 신념과 철학이 확고한 대신근이 있어야 하고, 나도 추사나 피카소보다 위대한 예술작품을 이루어 내야 하겠다고 하는 분발심과 원력이 있어야 하며, 미적 호기심을 창신創新의 정신으로 작품 활동을 꾸준히 30년을 하면 명품이 나온다"고 하였다.

종교가나 예술가나 학자나 모두 궁극에는 하나로 통하는 것이다.

15

일생기하 불수방일

一生幾何 不修放逸

백 년이 잠깐이면 지나는데 어찌 배우지 아니하며, 일생이 얼마나 되기에 수행하지 않고 게으름을 피울까.

忽至百年인데 **云何不學**하며 **一生幾何**인데 **不修放逸**할까

(원효대사의 『발심수행장』)

시간은 화살처럼 빨라
나를 기다려주지 않아
게으름은 죽음의 길
부지런함은 감로의 길

원효대사 저술로 현재 확인된 102종 200여 권 가운데 우리에게

시간은 화살처럼 빠르다
나를 기다려주지 않아
게으름은 죽음의 길
부지런함은 감로의 길

원효대사의 발심수행장을 김형중박사
번역하고 허회태 쓰다

가장 많이 알려진 글이 『발심수행장』과 『대승육정참회』이다. 이 글을 제외한 다른 저술의 내용은 대승경전의 철학적인 교리와 사상을 심오한 논리적 체계를 세워서 설명한 글이기 때문에 내용의 뜻을 해독하는 데 대단히 난해하다.

『발심수행장』은 출가 수행자에게 발심하여 수행할 것을 권하는 글이다. 따라서 수필 형식으로 되어 있어, 일반 사람들이 쉽게 이해할 수 있는 글이다. 처음 출가한 스님들의 교과서인 『초발심자경문』에 편집되어 있다. 4언 한시 게송 형식의 글로 비유가 뛰어나고 문학성이 높은 명문이다.

『대승육정참회』는 원효의 종교적 체험이 샘솟는 참회와 종교적 고백을 적은 글이다.

인생은 시간과의 싸움이다. 시간이 많이 있으면 내일 해도 되고, 내년에 해도 된다. 그러나 무상한 시간은 화살처럼 빠르게 지나가고 나를 기다려주지 않는다. 그리고 사람의 일은 그때 해야 할 시기가 있는 법이다. 시기를 놓치면 만사를 그르치게 된다. 학생이 학교 다닐 때 공부를 하지 않고 방황하면 훗날 큰 후회를 남기고 대가를 치른다. 출가 수행자도 마찬가지이다. 가을에 과일이 잘 익으려면 여름 뙤약볕의 고통을 이겨내는 인고가 필요하다.

인간과 동물의 가장 큰 차이점 중 하나는, 인간은 배우고 익히는 학습활동을 한다는 점이다. 배우기를 싫어하는 사람은 게으른 사람이고 어리석은 사람이다. 거지들의 공통점은 게으른 사람이라는 점이고, 깨달음을 얻은 구도자와 성공한 사람의 공통점은 자신의 나태함과의 싸움에서 이긴 승리자라는 점이다.

원효대사는 "망가진 수레는 굴러갈 수 없고, 늙으면 수행할 수 없다"고 하였고, 『대승육정참회』에서는 "방일하여 뉘우치지도 부끄러워하지도 아니하고, 업의 실상을 사유하지도 않는 이는 비록 죄의 자성이 없지만 장차 지옥에 갈 것이다. 마치 허깨비호랑이가 환술사를 삼켜버리듯"이라고 하였다.

서산대사는 『선가귀감』에서 "게으른 사람은 늘 뒤만 돌아보는데 이런 사람은 스스로 자신을 포기한다"고 하였다. 공자님도 자신이 보통사람과 다른 점을 "배우기를 좋아하는 호학자好學者이다"라고 하였고, 『논어』의 첫머리에서 "배우고 때때로 익히면 또한 기쁘지 아니한가?"라고 하였다.

부처님께서는 『숫타니파타』에서 "마음의 안정을 위해서 오직 배우라. 죽음의 마왕은 그대들이 게으르기 때문에 역경에 굴복할 것을 알고 있다. 그대는 미혹에 빠지지 말라"고 하였다. 『법구경』에서는 "일어나야 할 때 일어나지 않고 젊음을 믿고, 정진하지 않으며 스스로 천박함에 빠져들게 하면 게을러 지혜를 깨우치지 못하리라"고 하였다. 『증일아함』 18권, 사의단품에서는 "산과 강과 온갖 풀과 다섯 가지 곡식은 다 땅을 의지해서 자란다. 이 세상의 모든 훌륭한 도는 방일하지 않는 데서 생긴다"고 하였다.

어리석은 사람은 방일하여 시간을 허송해 버린다. 게으른 사람, 잠을 많이 자는 사람, 술에 취해 있는 사람은 항상 시간이 부족하여 쪼들리면서 허겁지겁 살아간다. 게으름은 죽음의 길이고, 부지런함은 감로의 길이다. 잠든 사람들 가운데 깨어 있는 사람이 성공하고, 일찍 일어나는 새가 많은 먹이를 얻으며, 빨리 뛰는 말이 느린 말을 앞지른다. 지난 날 게을렀다 하더라도 지금 부지런하면 구름 속을 벗어난 둥근달처럼 능히 세상을 밝게 비출 수 있다.

16

칠세부모 이아귀고

七世父母 離餓鬼苦

온갖 맛있는 음식을 마련하여 우란분절(음력 7월 15일 하안거 해제일)에 곳곳의 청정한 수도승(자자승)에게 공양하고 서원을 발하면, 현재 부모는 수명이 백 년이 되도록 무병장수하되 모든 고뇌 걱정도 없으며, 과거 칠생의 부모 또한 아귀와 지옥의 고통을 벗어나 하늘과 인간에 태어나서 무한한 복락을 얻게 된다.

以百味飮食으로 **安盂蘭盆中**에 **施十方自恣僧**에게 **乞願**하면 **便使現在父母**는 **壽命百年無病**하고 **無一切苦惱之患**하며 **乃至七世父母**도 **離餓鬼苦**하고 **得生天人中**하여 **福樂無極**한다 (『우란분경』)

효도는 백행의 근본

부모님의 천도 기원

청정승가에 백종공양
전도된 삶 바로잡아

『우란분경』에 부처님의 십대제자 가운데 신통 제일인 목련존자가 어머니인 청제부인靑提夫人을 구제하는 목련구모目蓮救母의 이야기가 나온다. 목련존자가 우란분회를 열어 아귀지옥에서 고통 받고 있는 어머니를 도리천으로 천도한 것이다.

이 『우란분경』을 원본으로 하여 중국에서 목련존자의 효행에 불자佛者의 효행을 덧붙여 만들어진 경經이 『목련경』이다. 효를 강조하는 한자문화권에 있는 우리나라, 중국, 일본에서 널리 독송된 경전이다.

부처님께서 제정하신 법에 의하면, 90일 여름 동안 스님들이 한곳에 모여 안거를 하는데, 계율을 지키며 청정한 생활을 한다. 마지막 날인 하안거 해제일을 승자자일僧自恣日이라고 해서, 안거 기간에 스스로 범한 과오를 대중에게 고백하고 참회하는 자자법自恣法을 행한다. 이렇게 하여 스스로 희열을 일으키게 되므로 '자자自恣'라고 하며, 안거를 원만히 마쳐서 부처님이 기뻐하는 날이라 해서 '불환희일'이라고도 한다.

하안거를 마친 청정하고 깨달음을 얻은 수행승에게 백 가지 음식

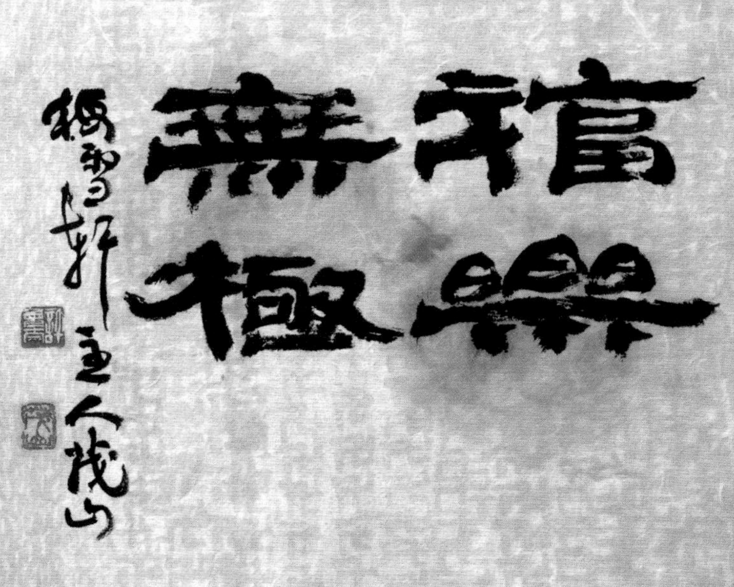
富樂無極

으로 공양하면서 부모의 무병장수와 천도를 기원하는 일거양득의 의미 있는 불교행사인 '백중(우란분절)'이 행해지게 된 것이다. '백중'은 우리나라에서는 고려 때부터 유행했고, '효도하는 날'이 되어 불교의 5대명절로 정착되었다.

'우란분'이란 '거꾸로 매달린다'는 뜻으로 '심한 고통'을 뜻한다. 우리가 살고 있는 이 세상이 화택고해로 아귀지옥과 같다는 의미이다. 청제부인은 남편이 죽자 불량한 남자들을 끌어들여 소와 돼지를 잡아 주지육림으로 방탕하고, 삼보를 비방하고, 우상숭배를 하다가 아귀지옥에 떨어졌다. 목련존자가 부처님께 어머니를 구제할 방도를 묻자, 7월 보름날 스님들께 공양을 드리면 그 공덕으로 전생과 현생의 부모를 구제할 수 있다고 하였다. 청정한 자자승과 깨달음을 얻은 선지식에게 귀의하여 공양하고 가르침을 받음으로써 '거꾸로 된 삶과 세상'을 바로 세울 수 있고, 아귀고에서 벗어나는 길을 제시해 준 것이다.

부처님은 『잡보장경』에서 "어떤 두 가지 법이 사람으로 하여금 인간과 천상에 빨리 가서 열반의 즐거움에 이르게 합니까?"라고 묻는 제자의 질문에 다음과 같이 대답했다. "첫째는 부모를 공양하는 것이요. 둘째는 성현을 공양하는 것이다."

부처님께서는 백행의 근본이며, 만덕의 근원인 효를 통해 거꾸로 전도된 우리의 삶을 바로 잡으려고 『우란분경』을 설한 것이다. 효는 내 생명의 출발점이요, 모든 생명의 근원이다. 효를 떠나서 인간의 윤리나 계율을 말할 수 없다.

더러운 물로 깨끗하게 씻을 수 없고, 쓰레기통에서 더럽혀진 음식을 먹을 수 없듯이, 청정한 계율을 저버린 승가에 의지하여 신행생활을 할 수 없고, 삶의 고통에서 벗어날 수 없다. 우란분의 의미를 되새겨서 청정한 스님과 선지식을 공양하고, 부모님의 은혜에 대한 효도를 실천해야겠다.

17

인인지이도자 인지이기

人因地而倒者 因地而起

삼가 들으니 "땅에서 넘어진 사람은 땅을 딛고 일어나야 한다"고 하였다. 그러므로 땅을 떠나 일어나려는 것은 옳지 않다.

恭聞하니 人因地而倒者는 因地而起해야 한다. 離地求起는 無有是處也이다 (지눌의 「정혜결사문」)

현실 떠난 정토는 없고
중생 떠나 부처 못 구해
중생이 살고 있는 현실
떠난 불교는 죽은 종교

한국불교에서 조계종의 창시자(역사학계 주장)라고도 하고, 중흥

조(조계종 종헌)라고도 하는 보조 지눌국사의 「정혜결사문」의 첫머리에 나오는 글이다. 지눌 스님이 중국 당나라 때 이통현 거사의 『신화엄론』에 나오는 "땅에서 넘어진 자는 땅을 딛고 일어나야 한다"는 말을 인용하여, 당시 고려불교를 정법불교로 바로잡기 위해 선정을 통해 마음을 닦는 결사를 하자는 글인 「정혜결사문」을 펼쳐 보인 것이다.

통일신라시대 후기에 중국에서 전래된 우리나라 선불교의 원류인 구산선문이 고려 초기까지 형성 발전되었다가, 고려 무신정권 시기에 지눌 스님의 정혜결사를 통하여 참선 중심의 선종불교로 전환되었다. 화엄종(법상종, 천태종, 법안종) 중심의 교학불교에서 선종불교인 조계종으로 전환된 것이다. 이는 일종의 종교개혁이요, 한국사상사의 혁명적인 사건이다.

물고기를 잡으려면 물이 있는 강이나 바다로 가야 한다. 물을 떠나 물고기가 살 수 없기 때문이다. 물이 없는 산에는 물고기가 살 수 없다. 나무에서 물고기를 구하는 어리석음을 나타내는 연목구어緣木求魚라는 사자성어가 있다. 우리가 살고 있는 현실세계인 이 세상을 떠나서 정토를 구할 수 없고, 중생을 떠나서 부처를 구할 수 없다는 뜻이다.

불법이란 세간世間을 떠나 있는 것이 아니다. 세간에서 일어나는

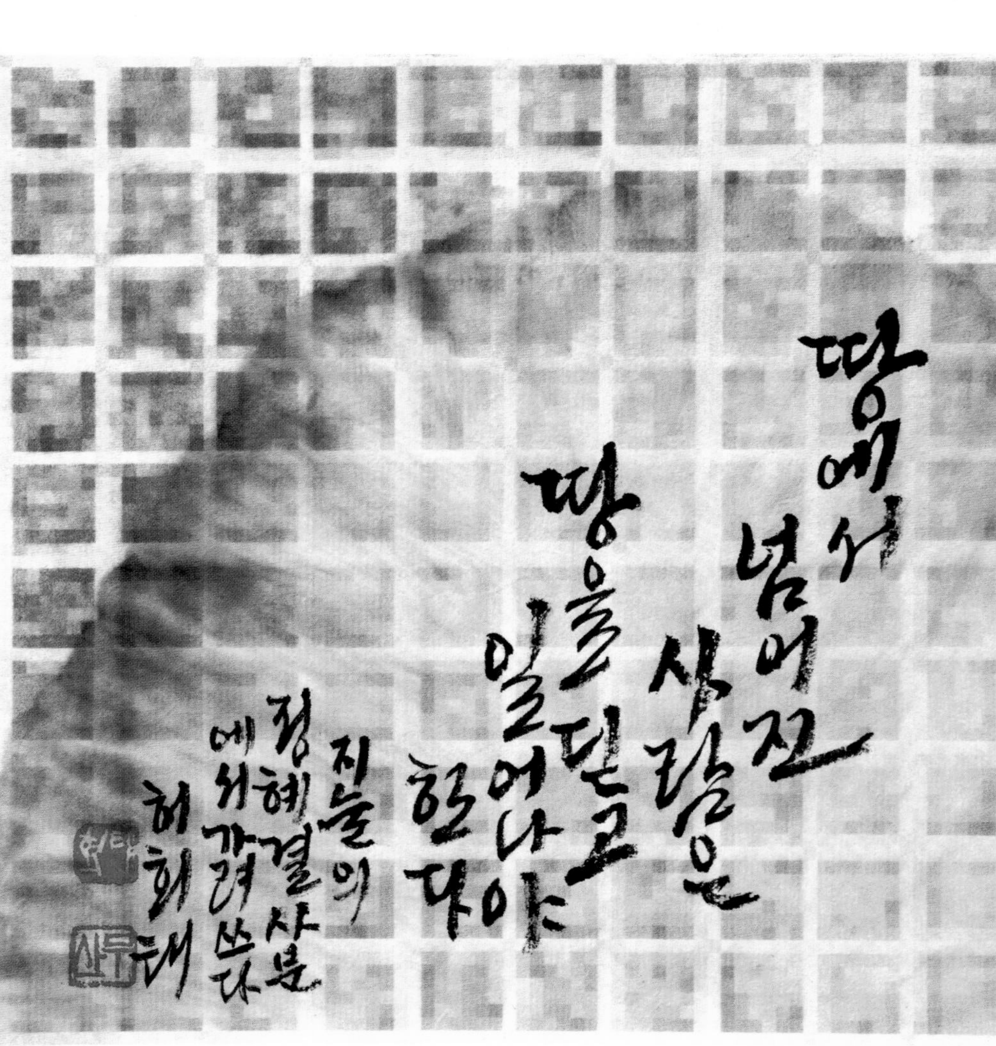
땅에서 넘어진 사람은 땅을 딛고 일어나야 한다
지눌의 정혜결사문에서 가려쓰다
허회태

현상이 우리를 깨치게 하므로 모두 불법이라고 한다. 『마하지관』에서 "세간법을 깊이 알면 모두가 불법인 것을 안다"고 하였다. 세간의 법이 바로 불법이다. 죽어서 저승에서 서방정토를 찾는 것보다 살아서 현실세계에서 극락세계를 구하는 현세 불국토 건설을 주장한 것이다. 『화엄경』에서도 "중생이 바로 부처이고, 이 세상이 바로 화엄세계다"라고 하였다.

선불교가 황금기를 이루었던 중국의 당송시대에는 방 거사, 왕유, 이통현 거사, 소동파 등 기라성 같은 재가거사들이 깨달음을 얻어 생활불교를 실천했다. 중생이 살고 있는 현실 생활을 떠난 불교는 죽은 종교이다.

「정혜결사문」에서 땅은 마음을 상징하고 있다. 땅이 모든 생명을 지탱해 주듯 마음이 만물의 근원이요, 주관자라는 뜻이다. 모든 식물은 땅을 의지하여 산다. 땅은 우리를 지탱해 준다. 잘못해서 넘어진 것도 땅 때문이다. 마음도 마찬가지이다. 마음이 어둡고 산란해지면 모든 것이 엉망이 되고 만다. 따라서 마음을 떠나서 헝클어진 문제를 풀 수 없다.

지눌 스님은 "미혹함과 깨침은 비록 다르지만 모두 한마음(一心)에 달린 것이다. 그러므로 마음을 떠나 부처가 되려는 것은 옳지 않다"고 하였다. 마음 밖에 진리가 없고, 마음 밖에서 부처를 찾아서는 안 된다. 마음을 떠나서 억겁을 찾아도 마음이나 부처를 찾을 수 없다. 불의 실체는 없지만 나무를 서로 비비면 불이 나타나듯이, 실체가 없는 마음도 찾으면 나타난다.

우리의 마음은 현실 속에서만 작용한다. 지나간 과거에도 찾을 수 없고 오지 않은 미래에도 있을 수 없다. 오직 내 붉은 몸뚱이 속에 이름을 붙일 수 없는 한 물건이 이 순간 이 자리에서 활동하고 있다. 이것이 내 생각이고, 내 삶의 연속이고, 내 생명이다. 현실을 떠난 나의 존재는 있을 수 없다.

한국불교는 이상적이고 관념적인 성향이 있다. 현실과 역사를 직시하지 않고 두루뭉술하게 회피하려는 경향이 있다. 참선과 염불, 그리고 간경看經과 전법포교는 불교 신행과 수행의 기본이고, 교단이 유지 발전해 나가는 생명이다. 개인이나 단체가 생존하고 발전하기 위해서는 항상 긴장감과 투철함이 있어야 한다. 현재 한국불교 교단의 안일하고 깜깜한 모습을 바라볼 때 지눌 스님의 「정혜결사문」의 가르침을 실천할 때가 아닌가 하는 생각이 든다.

18

신위도원공덕모

信爲道元功德母

믿음은 도의 근원이며 공덕의 어머니이요, 온갖 착한 행위에 이르는 길을 키워주네. 의심의 그물을 끊고 애착을 벗어나서 위없는 열반의 길을 열어 보이네.

信爲道元功德母이요 **長養一切諸善法**이네
斷除疑網出愛流하여 **開示涅槃無上道**이네 (『화엄경』 현수품)

믿음은 깨달음의 근본
공덕을 만드는 어머니
불교에서의 믿음이란
본래불성에 대한 확신

信爲道元
功德母
長養一切諸善
法斷除疑網出
愛流開示涅槃無
上道
許會泰 合掌

『화엄경』 현수품에 나오는 유명한 게송이다. 화엄사 보제루와 동국대학교 정각원 주련에 걸려 있다. 믿음은 모든 종교의 알파요 오메가이다. 종교는 절대자(신)에 대한 믿음, 또는 진리(깨달음, 法)에 대한 믿음이 밑바탕이 되어야 가능하다. 인간의 원만한 삶 역시 인간과의 믿음과 신뢰가 전제되어야 가능하다.

불교를 신행하는 데 첫 번째 덕목이 믿음, 즉 신심信心이다. 진리를 깨달으신 부처님에 대한 존경과 믿음, 깨달으신 진리의 내용에 대한 신뢰와 믿음, 부처님과 진리를 믿고 그것을 통해서 이상적인 삶을 살아가고자 하는 신행 공동체인 승가僧伽에 대한 믿음이 삼보에 대한 믿음이고 귀명歸命이다. 이것을 삼귀의례, 삼보귀명이라 부른다.

그래서 부처님께서 "믿음은 깨달음에 이르는 근본이고, 모든 공덕을 만들어 내는 어머니 같다"고 한 것이다. 부처님께서 깨달으신 진리의 내용은 인과因果의 법칙, 연기緣起의 법칙, 무상無常의 법칙, 공空의 원리, 중도中道의 원리이다. 그리고 자성自性인 불성佛性의 마음 세계이다. 이런 진리의 내용을 믿고 실천하며 살아가는 이가 지혜롭고 행복하게 살아가는 불자이다.

『영락본업경』에 "무생無生의 지혜는 무너지지 않는 청정함이 있으니, 불·법·승·계에 대한 믿음이 무너지지 않기 때문이다"라고 하였다. 삼보와 계율에 귀의하여 신심이 견고해져서 결코 무너지지 않는 사불괴심四不壞心을 설한 것이다.

믿음이 없는 자는 부처님 아들이라도 구제할 수 없다. 『대열반경』 37권에 선성비구의 일화가 있다.

"어떤 사람이 변소 안에 빠졌다고 하자. 누군가 그를 보았을 때 손을 내민다면 그를 구해낼 수 있을 것이다. 그러나 빠진 사람이 손을 내밀 생각을 하지 않으면 결코 구해낼 수 없다. 나 또한 그러했다. 선성비구의 아주 작은 선근을 보고 종일토록 그를 구제할 방법을 찾았지만 그는 나에게 손을 내밀지 않았다. 때문에 그를 지옥에서 건져낼 수 없었다."

유신론적 종교에서의 믿음이란 실제로 존재하는지 존재하지 않는지 영원히 증명할 수 없는 절대신의 존재를 온전히 믿고, 본래 죄인인 자신의 원죄에 대한 참회와 구원을 바탕으로 하는 신앙이다. 그러나 불교에서의 믿음은 자기 자신에 대한 믿음이다. 부처가 될 수 있는 자기의 본래마음인 불성에 대한 믿음이다. 본래불本來佛에 대한 확신이 깨달음이다. 깨달음에 대한 확고한 믿음이 참선 삼요三要의 첫째 요건인 '대신근大信根'이다.

원효대사는 『대승기신론소』에서 믿음에 대하여 다음과 같이 설하고 있다.

"믿음이란 결정적으로 그렇다고 믿는 것이다. 이치(진리)가 실제로 있음을 믿고, 수행을 통해 얻을 수 있음을 믿으며, 닦아서 얻을 때에는 무궁무진한 공덕이 있음을 믿는 것이다. 믿음을 일으킨다면, 능히 불법에 들어가 모든 공덕을 나타나게 하고 악마의 경계로부터 벗어나 높은 도에 이른다."

믿음은 삶의 힘이요 반려자의 위안이다. 나는 일찍이 불문에 들었으면서도 어찌하여 정법과 부처님의 공덕에 대한 여우의 의심으로 인생을 소모하였던가. 고달픈 인생살이 관세음보살만 진심으로 불렀다면 가슴을 도려내는 아픈 고통을 덜어낼 수 있었으련만…….

19

수지독송 기복승피

受持讀誦 其福勝彼

만일 다시 어떤 사람이 이 경을 듣고 믿는 마음이 있어 비방하지 않는 사람이 있다면 그 복이 저 사람(한량없는 백천만억 겁 동안 자신의 몸을 돌보지 않고 보시한 사람)보다 뛰어나고 크다. 하물며 이 경을 쓰고 받들고 간직하고 외우고 독송하여, 다른 사람에게 설명한 사람의 공덕은 말할 것도 없을 것이다.

若復有人이 **聞此經典**하고 **信心不逆**하면 **其福勝彼**한다 **何況 書寫受持讀誦**하여 **爲人解說**이겠는가 (『금강경』)

경전은 지혜의 창고요
불교의 생명이자 핵심
경전읽기가 확산될 때

경전은 지혜의 창고요
불교의 생명이자 핵심
경전읽기가 확산될 때
불법과 교단이 흥성해

김형중 법사의 글을 무산 쓰다

불법과 교단이 흥성해

『금강경』의 '제15 수지독송하는 공덕품' 말씀의 일부이다. 『금강경』은 한국불교를 대표하는 조계종(선종)의 소의경전으로, 위와 같이 경전을 읽고 공부하고 전파하는 공덕을 최고의 공덕으로 강조하고 있다. 부처님께서 깨달은 진리의 말씀을 기록하여 모아놓은 대장경은 진리와 지혜의 창고이다. 불교의 생명이요 핵으로써 삼보 중의 하나인 법보法寶이고 법장法藏이다.

선종은 불립문자 교외별전 직지인심 견성성불을 종지로 삼기 때문에 경전을 휴지처럼 무시하는 경향이 있다. 참선 수행만을 강조하고 경전 공부를 소홀히 하는 풍조는 크게 잘못된 것이다. 선은 부처님의 마음이고 교는 부처님의 말씀이기 때문에, 선종과 교종은 둘이 아니고 우열의 차이를 둘 수 없는 것이다.

불교경전은 그대로 부처님이요, 깨달음이다. 그래서 사리풋타는 부처님 말씀을 듣고 언하에 깨달음을 얻은 것이다. 중생과 붓다와 마음이 하나이듯이 불·법·승 삼보는 서로 다르지 않은 하나이다. 그래서 경전을 수지독송하면 바로 붓다가 되고, 경전이 있는 곳이 바로 불탑이니 중생의 공양을 받는다고 하였다. 부처님이 깨달은 경전의 말씀에 의거하여 불자가 수행하여 깨달음을 얻는 것이지, 경전을 떠나서 깨달음을 말하면 그것은 불도가 아닌 외도이다.

『대반열반경』에서 부처님은 "나에게 공양하며 은혜를 갚고자 하는 이는 반드시 계율을 청정하게 지키고, 경전을 읽고 외우며, 그 뜻을 깊게 생각하면 그것이야말로 나에게 공양하는 것이다"라며 경전의 중요함을 강조하셨다.

『대반니원경』에서는 "사람이 사람을 섬기며 사는 것은 단지 일생이지만 경전은 한량없는 세월 동안 사람들을 제도하여 열반의 도를 얻게 하니, 경전 받들기를 부모를 대하듯 해야 불법이 오래 유지될 것이다"라고 하였다.

경전의 내용인 부처님 말씀을 통해서 전법 포교를 해야 한다. 전법을 하지 않으면 불교는 이 땅에서 소멸되고 말 것이다.

『법화경』에서도 "이 경은 능히 일체 중생을 구하는 경이며, 일체 중생의 모든 고뇌를 여의게 하며, 일체 중생을 이익되게 하여 그 원願을 충만하게 한다"고 하였다. 교구 본사별로 불교경전 읽기 운동을 펼친다면 불교는 요원의 불길처럼 일어날 것이다.

인생은 무상하고 허망하지만 책을 많이 읽는 사람은 허망해하지 않는다. 맹목적인 신앙은 결국 사람을 무지와 독선에 빠지게 한다. 경전을 통한 신행은 교리와 논리가 바탕이 되기 때문에 결코 종교적 회의나 허망함에 빠지지 않는다.

세상이 모두 잠든 깊어가는 밤에, 나와 경전 속의 부처님 말씀만이 깨어 있어 대화를 나눈다면 이 얼마나 행복하고 환희심 나는 불사인가.

경전을 들으면 복을 짓는다. 경전을 읽으면 붓다가 된다. 경전을 설하면 그가 바로 여래의 사도이다.

20

희탐진자 설심해탈

喜貪盡者 說心解脫

신체의 무상함을 관찰해야 한다. 이와 같이 관찰하면 곧 바른 관찰이다. 바르게 관찰하면 곧 싫어하여 떠날 마음이 생기고, 싫어하여 떠날 마음이 생기면 기쁨과 탐욕이 없어진다. 기쁨과 탐욕이 없어지면 마음이 고통에서 벗어나 해탈하였다고 한다.

當觀하라 色無常이다 如是觀者하면 則爲正觀이다 正觀者하면 則生厭離하고 厭離者하면 喜貪盡한다 喜貪盡者하면 說心解脫이라 한다

(『잡아함경』 권1 무상경)

인생의 무상함 깨달아야
허무함 극복하고 행복
인생은 내가 그린 그림

성패도 오직 자기 마음

『잡아함경』 첫머리 권1 '무상경'의 말씀이다. 『아함경』은 부처님 말씀을 최초로 편찬할 때 아난존자가 기억하여 송출한 근본경전, 즉 부처님의 원음原音이다. 불교는 부처님의 가르침의 종교이다. 그 가르침은 대장경에 기록된 깨달음의 말씀이다. 대승불교권의 중국·일본에서는 『아함경』을 소승경전이라 하여 무시하고 소홀히 해 왔는데, 이는 잘못된 것이다.

부처님 말씀 가운데 제일 명제를 꼽자면 '모든 것은 변한다'는 무상無常의 진리일 것이다. 변화하지 않고 영원히 존재하는 것은 없다. 우리 인간의 몸과 생각도 변한다. 그래서 삼법인三法印에서 "무상하고 무아이기 때문에 일체가 고통이다"라고 설파했고, 『반야심경』에서는 "오온(五蘊: 색수상행식)이 공空함을 비추어 보고 온갖 고통에서 벗어난다"고 하였다.

우리의 몸과 마음은 쾌락과 탐욕을 즐긴다. 그러나 그것은 시간이 지나 늙고 병들면 고통으로 변한다. 따라서 무상관無常觀을 함으로써 고통에서 벗어나 해탈을 얻을 수 있다. 정관正觀은 깨달음을 뜻한다. 무상함을 바르게 관찰하여 기뻐함과 탐착하는 마음을 없애면 마음의 고통에서 벗어나 해탈한다. 기뻐함이 있으면 슬픔도 있다.

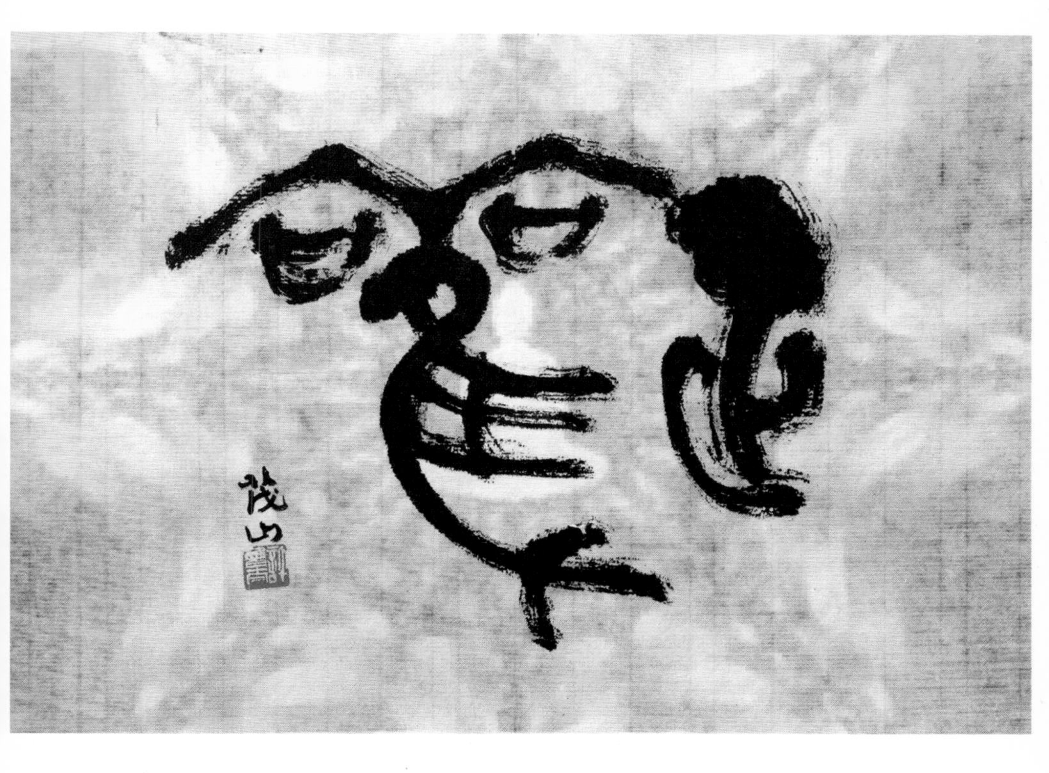
茂山

기뻐함을 구하지 않으면 얻지 못할 때 발생하는 슬픔이 생겨날 수가 없다. 탐욕을 가지고 집착하면 고통이 따른다. 그래서 부처님께서는 집착하는 마음에서 벗어나는 '출리出離'를 강조하셨다. "욕심으로부터 떠나면 부처가 된다(離慾佛)"고 하였고, "형상에 집착하는 마음에서 떠나면 부처이다(離相佛)"라고 하였다.

초전설법에는 무상의 진리가 설해지지 않았지만, 부처님께서 열반하시면서 유훈으로 "세상은 무상하게 변한다. 그러니 부지런히 정진하여 고통에서 벗어나 해탈하라"고 하였다.

지친 인생, 피곤한 나그네에게는 인생이 길게 느껴지지만 무상한 세월을 체득한 노인에게는 너무나 짧은 인생이다. 한 순간의 찰나 인생이요, 허무하기 그지없는 한바탕 꿈과 같은 인생이다. 강물이 한 번 흘러가면 돌아오는 일이 없듯이 사람의 목숨도 죽으면 돌아오지 않는다. 물거품 같고, 구름 같고, 허공 속에 핀 꽃과 같은 인생이다. 인생이 무상함을 깨달은 사람만이 무상의 허망함을 극복하고 행복하게 살 수 있다.

촛불은 초를 태우고 나면 사그라진다. 우리의 인생도 그와 같다. 생명의 불꽃이 타고 있는 이 순간 나는 무엇을 할 것인가? 한 찰나의 시간이 소중하고 순간순간 생각과 선택이 삶의 방향과 질을 결정한다. 인생은 하얀 도화지에 자신의 의지대로 그리는 그림과 같다. 예뻐고 솜씨 있는 그림을 그리는 것도, 아무렇게나 그려서 그림을 망치는 것도 오직 자기 자신의 마음이다.

지혜로운 사람은 무상한 세상에서 올바른 삶의 의미와 목적을 가지고 열심히 산다. 그러나 어리석은 사람은 귀한 시간을 허송하면서 인생을 함부로 산다. 자기 자신을 잃어버리고 허둥대며 사는 것이다. 부처님께서는 『아함경』에서 인생의 무상함을 '흰 쥐와 검은 쥐(黑白二鼠)의 비유'로 설하셨다. 광야에서 길을 잃고 헤매는 나그네가 내 자신이다.

21

선세죄업 즉위소멸

先世罪業 則爲消滅

『금강경』에 이르기를 "(이 경을 받아 지니고 읽고 외울 때에 이로 인하여) 사람에게 경시당하고 핍박을 받는다면 이는 전생에 지은 죄업 때문이다. 그는 마땅히 지옥에 떨어져야 하는데 지금 현재 사람들이 이 사람을 경시하고 천대하였기 때문에 전생의 죄업이 소멸한 것이다."

金剛經云하기를 若爲人輕賤함은 是人先世罪業이다 應墮惡道인데 以今世人輕賤故하였으므로 先世罪業이 則爲消滅된다 (『벽암록』)

인과법 알면 지혜롭고
모르면 어리석은 중생
불자들간 반목과 대립

무산 허회태

결국 승단 화합도 파괴

『벽암록』 제97칙 '금강경죄업소멸'의 화두이다. 『종용록』 제58칙 '강경경천剛經輕賤'에도 나오는 내용이다. 『금강경』 '제16분 더러운 업을 깨끗이 맑히는 부문(能淨業障分)'의 본문 내용을 그대로 인용하여 화두로 제시한 것이다.

중국 선종 초기의 조사어록을 보면 경전에 근거를 두고 선정 수행의 방법론이 제시되었는데, 선의 황금시대를 지나면서 선종은 불립문자 교외별전을 강조하면서 경전을 부정하는 경향이 나타났다.

중국 선종의 초조인 달마대사의 유일한 저서로 밝혀진 『이종입(이입사행론)』에 깨달음의 문에 들어갈 수 있는 네 가지 실천행인 '사행四行'이 있다. 첫 번째인 '보원행報寃行'이 '금강경 죄업소멸'과 '인욕선인의 교훈'을 함께 용해시킨 내용이다.

보원행은 전생의 원한에 보답하는 실천행으로 "옛날부터 미혹한 세계에서 유랑하여 원한과 증오심을 일으켜서 이웃을 해함이 많아서 지금은 비록 범한 일이 없지만 악업의 열매가 익어 원한을 만나고 고통을 받고 있다. 그러니 그것을 달가운 마음으로 참고 받아들여 원한을 없이 하라. 그러면 도에 나아가게 된다"는 내용이다.

『금강경』을 수지독송하고 선행을 실천하면 한량없는 공덕이 있다고 강조한 것인데 오히려 사람에게 핍박당하고 무시당한다면 부처님 말씀에 모순이 생긴 것이다. 현실 생활에서 좋은 일을 하면 손해를 보는 경우가 수단과 방법을 가리지 않고 사는 사람에 비해 많이 나타난다. 정의롭지 못한 말법세상에는 더욱 그렇다. 불교의 교법 가운데 기본이 되는 핵심 진리가 '인과법'인데 이 또한 인과율에 대한 모순이 된다. 이런 문제에 대한 해답을 찾는 공부가 『벽암록』의 화두이다.

유신론적 종교에서는 절대신의 위로와 은총, 그리고 사후에 천국의 보상을 통해서 해결이 되지만, 부처님의 가르침에서는 삼세인과법에 따라 전생의 업장에 대한 현생의 업보, 그리고 앞으로 아뇩다라삼막삼보리(깨달음)를 얻으리라는 인가와 보장이다. 인과법을 아는 사람이 지혜로운 사람이고, 모르는 사람은 어리석은 중생이다.

『벽암록』에서는 이 화두를 타파하고 『금강경』의 공의 이치를 깨달으면 번뇌와 전생의 죄업을 금강석과 같은 반야지혜로 끊어내는 여의명주如意明珠를 얻게 된다고 노래하고 있다. 『벽암록』(임제종)은 『종용록』(조동종)과 쌍벽을 이루는 선가의 공안집으로서 '종문제일서'로 불리운다.

불교 기관에서 부처님 일을 평생 열심히 하면서도 제대로 대우나 평가를 받지 못하고 소외받는 재가불자들이 있다. 불자끼리 서로 사랑하고 소중하게 여기지 않고 경시하고 천대하면 참으로 마음 아픈 일이다. 사자신충獅子身蟲이라고, 이교도에 의한 핍박이 아니라 함께 가야 할 도반이고 선우인 불자끼리의 반목과 대립은 결국 교단을 병들게 하고 파괴하며, 승단의 화합까지 파괴하게 된다.

부처님의 정법이 영원히 유지되려면 교단에서 신행의 인과를 명료히 해야 한다. 이웃종교에서 국법을 위반하면서까지 자신의 종교를 위해 순교 헌신한 신도를 사후에도 명예를 회복시키고, 성자와 복자의 영예를 수여하는 뜻을 거울 삼아야 한다.

22

수조엽락 체로금풍

樹凋葉落 體露金風

어떤 스님이 운문선사에게 묻기를 "나무가 마르고 잎이 다 떨어졌을 때는 어떻습니까?" 운문선사가 말하기를 "가을바람에 나뭇잎은 떨어지고 앙상한 나무 몸체가 그대로 드러나겠지" 하였다.

僧問雲門하기를 樹凋葉落時如何입니까 雲門云하기를 體露金風이다
(『벽암록』 27칙)

수행을 다 마친 도인은
고대광실에 앉지 않고
자기 진면목 잘 드러내
중생에 기쁨과 이익 줘

운문선사(864~949)는 중국 선종의 종파인 5가7종 가운데 운문종을 창종한 종조로서 선의 종장宗匠이다. 운문종은 운문선사의 기라성 같은 문하 제자들에 의해 당나라 말기와 오대를 거쳐 송나라 초기에 크게 활약하였다.

일체의 분별 사량을 거부하고 부정하는 그의 언어 사용은 구순피선口脣皮禪이라 불리는 조주선사의 영향을 많이 받았다. 운문선사가 선문에서 언어 표현의 묘를 살린 선사로 평가받는 이유는, 불립문자라 하여 언어문자를 부정하지 않고 오히려 언어의 한계를 이해하고 언어와 인식의 논리를 초월한 데 있다. 그의 선문답과 선법문은 5가종 가운데 극치를 이루었다. 종풍의 법문은 독특하여 거칠고 심오하다.

운문선사의 공안 고칙이 『벽암록』에 14회(조주선사 12회), 『종용록』에 8회(조주선사 4회) 나온다. 역대 조사 가운데 그가 만든 화두 공안이 많이 수록된 것은 제자를 가르치는 수단과 내용, 언어 사용이 가장 독특하고 수승하다는 증거이다.

『벽암록』 27칙에 나오는 '운문체로금풍'은 표현이 문학적이고, 뜻이 심오하다. 늦가을 입동에 가을바람에 나뭇잎이 떨어지고 앙상한 나무가 몸체만 드러내고 언덕에 홀로 서 있는 모습을 바라보면서, 참선 수행이 무르익어 나무와 낙엽처럼 감정과 관념의 진액이 모두 빠져나간 무심도인의 경지를 문답으로 담론하는 모습은 한 폭의 그림이다.

안목과 견처가 있는 어떤 스님이 운문선사를 찾아와 "수행자가 아집과 법집(法執: 이데올로기에 대한 집착)에 대한 집착이 모두 끊어진 뒤의 모습이 어떠합니까? 나무가 마르고 잎이 다 떨어졌을 때는 어떻습니까?" 하고 들이댔다.

운문선사는 "당당하게 옷을 홀랑 벗고 언덕 위에 홀로 서서 겨울바람에 대적하여 추위를 견뎌내는 앙상한 나무이지"라고 대답했다. 수행을 마친 도인은 금으로 만든 가사를 두르고 고대광실에 앉아 있지 않는다. 앞니가 빠진 천진한 시골노인의 꾸밈이 없는 모습으로 시장바닥에 나타나 자신의 진면목을 진솔하게 드러내 중생에게 기쁨을 주고 용기를 주고 이익을 준다. 주관과 객관이 모두 사라져서 외부로부터 닥쳐오는 고통과 역경을 초월하고 극복하는 인경구탈人境俱奪의 경지이다.

봄·여름 키워냈던 나뭇잎이 가을이 되어 진액이 빠져나가고 홀가분하게 낙엽이 되었을 때, 그것마저 떨어내고 홀로 남은 늦가을 나무는 찬란하게 찾아올 봄을 기다리며 기꺼이 외로움과 추위를 감내堪耐한다.

가을날 낙엽을 밟으며 운문선사의 '체로금풍'의 화두를 생각한다.

슬픔을 떨어내자. 저 앙상한 나무처럼, 저 낙엽처럼 비우고 떠나자. 집착을 버리자. 그래야 내년 봄에 예쁜 꽃을 피울 수 있다. '낙엽'이란 시를 썼다.

이별할 시간이 왔습니다
지난 여름 천둥소리에도 버텨왔던 질긴 끈을
이제 놓아야 할 시간이 왔습니다
노랑저고리 빨강치마 곱게 분바르고
이별할 때를 기다립니다
오늘은 초조해서 낮술까지 한 잔 했습니다
휙 불고 지나가는 금풍金風 따라
훌렁 벗고 떠나렵니다
떠날 때는 버릴 것이 없어야 홀가분하답니다
마지막 진액마저 빠져나가 한결 가볍습니다
지금은 비우고 또 비울 때입니다.

23

직심시도량
直心是道場

보적이여, 마땅히 알아라. 곧은 마음이 보살의 청정한 국토이니 보살이 성불할 때에 아첨하지 않는 중생이 그 나라에 와서 태어난다. …… 저(광엄동자)는 물었습니다. "도량이란 어디입니까?" 유마거사께서 대답하기를 "곧은 마음이 도량이니 헛되거나 거짓됨이 없기 때문이다."

寶積아 當知하라 直心이 是菩薩淨土이니 菩薩이 成佛時에 不諂衆生이 來生其國한다 …… 我問道場者는 何所是입니까 答曰하기를 直心이 是道場이니 無虛假故이기 때문이다 (『유마경』)

직심은 청정한 정토
직심은 부처님 도량

직심은 보살 보리심
직심은 청정한 마음

『유마경』 불국품과 보살품에 나오는 "곧은 마음이 보살의 청정한 정토이다"와 "곧은 마음이 도량이다"라는 내용이다. 곧은 마음은 유마거사가 생각하는 불국토를 건설하고 보살행을 실천하는 데 바탕이 되는 마음이다.

『유마경』은 『승만경』의 승만부인과 같이 재가자인 유마거사가 경전의 주인공이다. 유마거사는 『반야경』의 공사상을 체득하고 대승보살행을 실천하여, 세속에 있으면서 부처님의 깨달음을 완성한 재가불자의 이상적 모델이다.

그는 더러운 연못 속에서 더러움에 물들지 않고 예쁜 꽃을 피우는 연꽃처럼 세속에서 살면서도 오염되지 않는 청정한 대승보살의 삶을 산 거사이다.

『유마경』은 곧은 마음(직심)을 통해서 깨달음의 내용인 4성제·12연기·37조도품과 보살의 실천행인 6바라밀·4무량심·4섭법 등 모두를 망라하여 나타내고 있다. 일반적으로 도량이란 말은 석가모니가 깨달음을 얻은 장소인 부다가야 보리수 아래 보리도량을 뜻한다. 유마거사는 곧은 마음이 부처님의 도량이요 보살의 청정한 정토라고 설할 뿐만 아니라, 깨달음을 얻은 지혜롭고 청정한 마음 그 자체라고 한다.

정토에 태어나기 위해 수행하는데 갖추어야 할 세 가지 마음(直心·深心·菩提心) 가운데 첫째가 곧은 마음인 직심이다. 깨달음의 마음인 보리심이 도량이라 했고, 그것을 실천하는 발행을 도량이라(發行是道場) 했다.

유마거사는 모든 번뇌가 도량이며, 중생이 도량이다고 했다. 중생의 번뇌가 보리도량이다. 번뇌를 떠나서 깨달음이 없기 때문이다. 병고病苦가 스승이라는 말도 있다. 병고 때문에 자신의 삶을 되돌아보고, 불법에 대한 이해와 신행이 깊어지고 넓어진다. 인생은 시련도 역경도 필요하다. 정약용은 18년 강진 귀양살이 속에서 방대한 저서를 남겼고, 김정희도 제주도 귀양지에서 불후의 세한도를 그렸다. 번뇌가 깨달음이요 도량인 것이다.

보살의 청정한 정토를 건설하는 길은 거짓 없는 참된 마음인 직심으로 사는 것이다. 곧은 마음은 선비의 마음이다. 불의와 섞이지 않은 정직正直하고 의로운 마음이다. 진리는 참되고 진실한 원리요 법칙이기 때문에 삐뚤어진 마음으로 다가갈 수 없다. 오직 진리를 향한 참된 마음만으로 얻을 수 있다. 그래서 불법승 삼보인 진리를 깨달으신 부처님과 깨달음의 내용을 광명정대라고 하고, 그것을 실천하는 무리인 승가를 청정화합이라고 표현한다.

원효대사는 『범망경보살계본사기』에서 "뱀이 나아가는 성질에는 비록 굽게 되어 있지만, 만약 대나무 속으로 들어가면 스스로 바르고 곧게 된다. 중생도 이와 같아서 먼 옛적부터 삿된 뜻을 익혀 바르지 못한 성품을 이루었지만, 만약 삼취정계三聚淨戒의 관에 들어가면 스스로 정각을 이루게 된다"고 하였다. 교법이 정대하고 교단이 청정하고 곧으면 불도를 따르는 불자가 저절로 바르게 살게 된다.

24

욕탈생사 선단탐욕

欲脫生死 先斷貪慾

생사의 고통에서 벗어나려면 먼저 탐욕을 끊고 애욕의 불꽃을 꺼야 한다.

欲脫生死하려면 **先斷貪慾**하고 **及除愛渴**하라 (『선가귀감』)

생사 고통 벗어나려면
먼저 탐욕과 애욕 끊어야
재물과 여색의 재앙은
독사에 물린 것보다 더 해

『선가귀감』은 서산대사 휴정 스님이 50여 권의 경론과 조사어록을 보고 선가禪家의 귀감이 될 만한 요긴한 내용을 추려서 엮은 선가

허회태

의 교과서이다. 수행자나 일반인을 위하여, 참선 수행법과 깨달음의 지혜 중 가장 요긴하고 간절한 것 수백 마디를 추려서 한 장의 종이에 써 놓은 '깨달음에 이르는 거울'과 같은 명저이다.

불교는 무엇을 깨닫기 위하여 수행하는가? 깨달음의 내용은 무엇인가? 불교의 목적은 무엇인가? 불자들은 이것이 궁금하다. '무엇일까?-시심마(是甚麼: 이뭐꼬)' 이것이 화두話頭이다. 불립문자 교외별전을 종지로 삼는 선종에서는 진리의 세계인 깨달음의 세계는 오관으로 인식할 수 있는 세계가 아닌, 초월적 체험의 세계이므로 언어문자의 한계를 벗어나 있어 불가설不可說이다. 깨달음의 내용인 마음, 부처, 공, 중도의 세계는 주관과 객관이 나뉘지 않는 하나의 세계이다. 비교·차별이 가능하고 상대적이고 분별된 논리로 이루어진 현상세계의 언어문자로는 표현될 수 없다. 오로지 선정 삼매를 통한 직관으로 체험할 수밖에 없고, 그 세계는 생활 속에서 구체적인 실천행을 통해서만 나타난다고 주장한다.

『전등록』에 나오는 선가의 1,700개 화두공안의 공통된 주제는 '부처가 누구인가?'. '불법이 무엇인가?', '마음이 무엇인가?', '조사가 서쪽에서 온 뜻은 무엇인가?' 등 불법승 삼보三寶에 대한 근원적인 물음이다. 여기에 대한 스승의 해답은 없다. 참선 수행자 스스로 '이것이 무슨 뜻일까?' 하고 의문을 가지고 끝없이 참구하는 공부법이다. 여기서 선가의 사유세계는 확장되고 깨달음의 세계는 심오해져 사상, 문학, 예술 등 인류 정신문화의 영역에서 발전을 가져오게 된다. 반면에 깨달음의 세계는 추상화되고 신비화되어 중생의 삶과 현실에서 점점 멀어지는 면도 생긴다.

원래 불교의 목적은 명료하다. 싯다르타 태자가 왕자의 자리를 버리고 출가한 목적이 생로병사의 괴로움을 해결하기 위해서였다. 6년 수행으로 깨달은 진리의 내용이 초전설법으로 설해졌고 대장경에 고스란히 결집되어 있다. 그 내용의 핵심이 '괴로움으로부터 벗어나는 네 가지 성스러운 진리(사성제 팔정도)'이다. 이고득락離苦得樂은 불교뿐만 아니라 모든 종교의 공통된 목표이다. 부처님께서는 『아함경』에서 "계정혜 삼학三學을 통해서 탐진치 삼독심三毒心을 끊으면 열반(해탈)에 이른다"고 설파하셨다. 계율을 통해 탐욕을 없애고, 선정을 통해 분노를 가라앉히고, 지혜를 통해서 어리석음을 없애면 바로 번뇌의 불꽃이 모두 사그라진 열반에 이른다고 하였다.

서산대사는 "생사의 고통에서 벗어나려면 탐욕을 끊으라"고 하였다. 탐욕을 줄이면 고통도 줄어든다. 탐욕을 끊으면 고통도 끊어진다. 그래서 욕심을 버리면 부처가 되는 이욕불離慾佛이고, 집착하는 마음을 떠나면 부처가 되는 이상불離相佛이라 했다.

서산대사는 "탐욕 중에서도 이성에 대한 애욕이 가장 무섭다"고 하였다. “애정이 한 번 얽히면 사람을 끌어다가 죄악의 문에 처넣는다”고 하였다. 『사십이장경』에도 “이성에 대한 욕망은 커서 끝이 없으니, 마침 하나뿐이어서 그만이지 같은 것이 두 가지라면 온 세상 사람이 도를 구하는 사람이 없을 것이다”고 하였다. “수행자에게 재물과 여색의 재앙은 독사에 물린 것보다도 더 심하다”고 하였다.

25

마전성경

磨磚成鏡

마조선사가 물었다. "기왓장을 갈아서 무엇 하실 것입니까?" 회양대사가 말했다. "거울을 만들 것이다." 마조선사가 묻기를 "기왓장을 간다고 어찌 거울이 되겠습니까?" 회양대사가 대답했다. "기왓장을 갈아서 거울을 만들 수 없듯이 좌선을 해서 어찌 부처가 되겠는가?"

師曰하기를 磨磚磚作麽입니까 讓曰하기를 磨磚鏡이요 師曰하기를 磨磚豈得成鏡입니까 讓曰하기를 磨磚豈不成鏡인데 坐禪旣得成佛耶하겠는가 (『마조어록』)

기왓장 거울 만들기는
목석처럼 좌선만 해선

鏡佛

磨磚豈不成鏡

坐禪既得成佛耶

茂山

부처될 수 없단 가르침
선정지상주의에 경책

『마조어록』의 벽두劈頭에 나오는 글이다. 이 글의 내용은 중국 호남성 형산 전법원에서 마조대사가 선종 7대조사인 남악회양南嶽懷讓대사에게 선법을 이어받은 '기와를 갈아서 거울 만들기' 일화이다.

이 유명한 '남악마전南嶽磨磚'의 일화는 『벽암록』, 『무문관』, 『종용록』 등 대표적인 공안집에는 없고, 고려시대 혜심과 각운이 편찬한 『선문염송』과 『선문염송설화』에 수록되어 있다.

회양대사는 열심히 좌선 수행을 하고 있는 마조선사가 큰 그릇임을 알아차리고 물었다. "스님은 무엇 하려고 좌선을 합니까?" 마조선사가 대답했다. "부처가 되려고 합니다." 그러자 회양대사는 기왓장 하나를 법당 앞에서 갈기 시작했다. 마조선사가 물었다. "기왓장을 갈아서 무엇을 하려고 그러십니까?" 회양대사는 "거울을 만들겠다."고 말했다. "기왓장을 간다고 거울이 되겠습니까?" 하고 마조선사가 물었다. 회양대사는 말했다. "기왓장을 갈아서 거울을 만들 수 없듯이 좌선을 한다고 해서 어찌 부처가 될 수 있겠는가?"

이 이야기의 근거는 『유마경』 제자품에 나오는 '사리불과 좌선'이다. "유마힐이 말했습니다. 사리불이여, 반드시 앉아 있다고 해서 꼭 좌선이라고 하지 않습니다. 마음이 안에도 머물지 않고 또한 밖에도 머물지 않는 것이 좌선입니다. 번뇌를 끊지 않고 열반에 드는 이것이 좌선입니다.”

마명보살의 『대장엄경론』에는 구체적으로 ‘남악마전’의 후편에 해당하는 ‘소 수레와 기왓장의 비유’가 나온다.

“몸을 괴롭힌다고 마음의 자유를 얻을 수 있겠는가? 소가 수레를 끌고 가는데 수레를 멈추었다면 수레를 채찍질해야 하는가? 소를 채찍질해야 하겠는가? 마땅히 소를 채찍질해야 수레가 움직이리니, 마치 몸은 수레와 같고, 마음은 소와 같다. 이는 어떤 사람이 기왓장이나 돌을 사자에게 던지면 영리한 사자는 사람을 향해 쫓아오겠지만 어리석은 개는 기왓장과 돌을 쫓아가는 것과 같다.”

목석처럼 앉아서 좌선만 한다고 부처가 될 수 없음을 가르친 마조선의 가풍이다. 마조대사의 선풍은 행주좌와어묵동정이 모두 선과 불도가 아닌 것이 없어, 일상생활 속에서 불도를 찾는 생활선이고, 평상심이 바로 불도임을 주창하는 조사선이다.

자리에서 일어나서 고통 받고 있는 중생 곁으로 나아가 죽어가는 중생을 살려내는 행동으로 실천하는 불도가 참 부처를 찾는 수행이고 대승보살의 보현행이다. 『육조법보단경』에 보면 “중생을 알면 부처를 볼 수 있다. 중생을 알지 못하면 만겁 동안 부처를 찾아도 볼 수 없다"고 하였다.

선정은 원래 불교 수행의 기본인 삼학 가운데 하나이고, 팔정도 가운데 하나이고, 육바라밀 가운데 하나이다. '기왓장을 갈아서 거울을 만드는 일화'는 선정 하나만으로 깨달음을 얻는 수행이 완성되고, 피안에 이를 수 있다고 주장하는 교조적인 선정지상주의에 대한 경책이다.

앉아서 좋은 생각만으로 중생을 구제하고 아름다운 세상을 만들 수 없다. 앉은 부처를 구하는 것은 부처를 죽이는 일이다. 세상을 변화시킬 수 있는 길은 조직화된 교단의 힘과 깨달음을 지속적인 행동으로 실천하는 길뿐이다. 부처는 중생이 사는 세간에 있다. 나눔과 봉사의 불교를 실천하는 것이 참다운 불자의 길이다.

26

섭수정법 사신명재

攝受正法 捨身命財

제가 부처님의 바른 교법을 기꺼이 받아들이고, 목숨과 재산을 바쳐서 부처님의 정법을 보호하고 지키겠습니다. 이것이 제3대원입니다.

我於攝受正法하고 **捨身命財**하여 **護持正法**한다 **是名第三大願**이다

(『승만경』)

개인의 행복만 추구하면
무상고의 벽 넘지 못해
자비심과 이타심 있어야
상락과 중생 구제 가능

『승만경』은 재가 여성불자(우바이)인 승만부인이 주인공으로, 중생의 마음속에 여래의 성품인 '여래장'이 깃들어 있어(一切衆生 悉有如來藏), 모든 중생이 성불할 수 있음을 설하고 있는 대승경전이다. 본문의 내용은 『승만경』에 나오는 승만부인의 3대원 가운데 셋째 원인 '섭수정법·호지정법원'이다.

승만부인은 친정 부모인 파사익왕과 말리왕비가 보낸 부처님의 한량없는 공덕을 찬탄하는 편지글을 읽고 감동하여 기쁜 마음으로 부처님 전에 다음과 같은 세 가지 큰 서원을 세운다.

"중생을 편안하게 구제하기를 원하니, 중생에게 부처님의 바른 교법의 지혜[法智]가 얻어지기를 원합니다. 그렇게 하기 위해서 먼저 제가 부처님의 바른 교법의 지혜를 깨달은 후에 중생을 위하여 즐거운 마음으로 설법하겠습니다. 그리고 제가 부처님의 바른 교법을 기꺼이 받아들여, 목숨과 재산을 다 바쳐 부처님의 정법을 지키고 보호할 것을 서원합니다."

여인의 몸으로 이교도와 외도의 훼방과 유혹으로부터 정법을 실천하고 수호하는 일은 예나 지금이나 쉬운 일이 아니다. 대심大心보살의 큰 원력과 용기가 없이는 불가능한 일이다. 부처님 당시에 사리불과 부루나 같은 제자가 이교도에게 희생되었으며, 부처님 교단 역시 끊임없이 데바닷다의 훼방을 받았다.

부처님께서는 보살의 수많은 서원이 부처님의 정법을 받아들이는 '섭수정법원'에 포함된다고 칭찬하며 승만부인에게 수기受記를 하셨다. 승만부인은 여성불자뿐만 아니라 대승보살의 이상적 모델이다.

대승불교는 보살의 서원으로부터 비롯된다. 부처님은 중생의 고통과 보살의 서원에서 탄생된다. 『유마경』에서는 "중생이 병들어 아프므로 보살도 병이 든다"고 하였다. 『지장경』에서는 "지장보살은 지옥에서 고통 받고 있는 중생이 한 사람이라도 있으면 성불하지 않겠다고 서원했다"고 하였다. 『화엄경』 보현행원품에서도 "중생을 이롭게 하는 보현행원으로서 보리를 이룬다"고 하였다.

일반적으로 말하는 개인의 바람이나 소망을 대승보살의 원願이라고 하지 않는다. 원이 되려면 개인의 희망 속에 이타정신이 들어가 있어야 한다. 개인의 행복만을 추구하는 소아小我적인 삶은 결국 무상고無常苦의 벽을 넘을 수 없다. 우주법계 속의 이웃중생과 함께 사는 대아大我적인 삶이 영원한 행복을 얻을 수 있다. 자비심으로 중생을 이익 되게 하는 마음이 있어야 중생 구제와 불국토 건설의 큰 서원이 된다.

현재 우리나라의 사찰 운영과 법회 활동은 불자 구성원의 다수를 차지하고 있는 재가 여성불자들의 신심과 보시가 중심이 되고 있다. 이런 측면에서 세계 종교사에서 유례가 없게도 여성이 설주說主가 되고 있는 경전인 『승만경』은, 매우 의미 있는 경전으로 교훈 삼아야 할 바가 많다.

다만 불자들은 불사와 방편이라는 미명으로 부처님의 바른 정법을 편법화 하고 청정한 계율을 무너트리면 안 된다. 교단을 위한답시고 권력에 싸구려로 빌붙어 아세阿世해서는 안 된다. 불교교단은 부처님의 바른 교법대로 운영되어야 한다. 현 조계종단 재건의 밑거름이 되었던 1947년 봉암사결사는 "오직 부처님 법대로 살아가자"는 기치 아래 수행하였다. 정법이 무너지면 말법세상이 된다. 불자가 믿고 의지해야 할 것은 오직 정법뿐이다.

27

남전참묘

南泉斬猫

남전 스님이 동당과 서당의 스님들이 고양이를 두고 다투는 것을 보고, 고양이를 잡아들고 말했다. "여러분이 이치에 합당한 한마디를 하면 살려주고, 못하면 베어 죽이겠다." 대중이 아무 말을 못하였다. 남전 스님은 마침내 고양이를 베었다.

南泉和尚이 因東西兩堂에 爭猫兒하여 泉乃提起云하기를 大衆아 道得卽救요 道不得卽斬却也하리라 衆無對하니 泉遂斬之하다 (『무문관』)

부처님 제일 가르침은
고통 덜어줄 자비실천
고양이 목 끊은 행위는
짚신을 머리에 이는 것

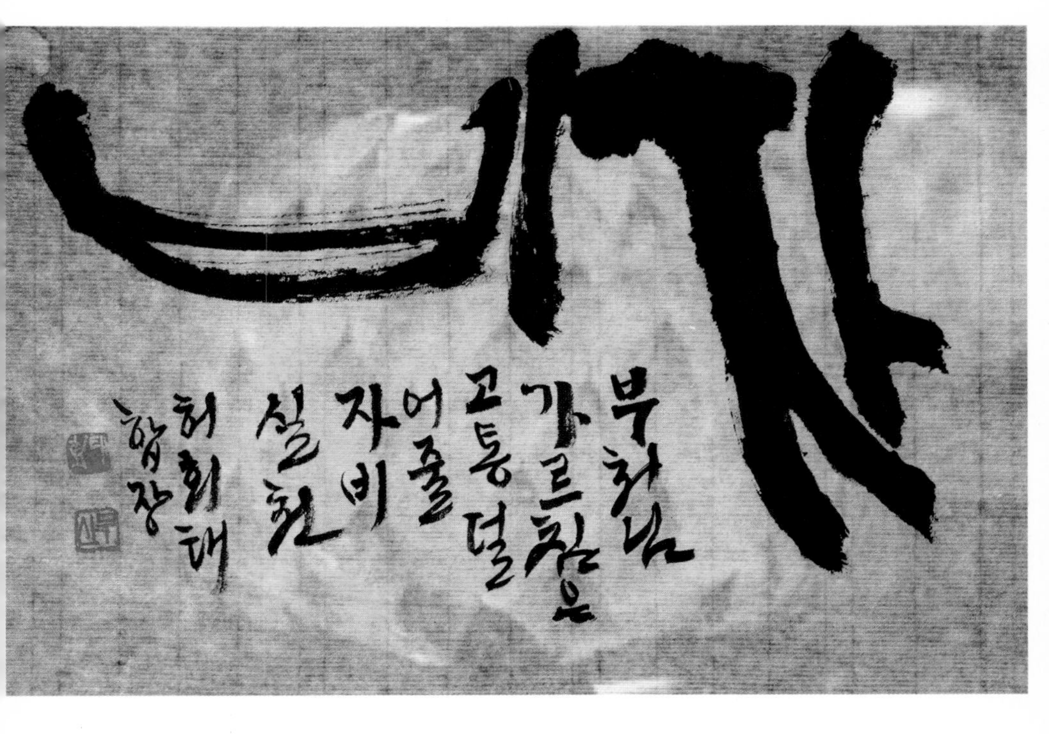
부처님
가르침은
고통덜
어줄
자비
실천
허회태
합장

'남전선사가 고양이의 목을 벤 뜻은 무엇일까?'는 『벽암록』, 『무문관』, 『종용록』, 『선문염송』 등 화두 공안서에 나오는 유명한 화두이다. 이 화두는 남전선사가 주연으로 출연하는 한 편의 영화같다. 아주 짧지만 충격적이고 긴 여운을 남기는 사건이다.

남전선사(748~834)는 중국 당나라 때 천하의 조주선사를 길러낸 생불조사이다. 남전선사의 회상에서 제자들이 동서 양당으로 나뉘어 "고양이에게 불성이 있느냐? 없느냐?" 하고 논쟁이 벌어졌다. 이 광경을 본 남전선사가 한 손에 고양이를 들고, 다른 한 손에 낫을 들고서 "고양이에게 불성이 있느냐? 없느냐? 바르게 말하면 이 고양이를 살려주겠지만 그렇지 못하면 고양이 목을 베어 버리겠다"고 선언하였다. 제자들이 어리둥절하며 대답을 못하자 남전선사는 즉시 고양이를 두 동강냈다.

마침 출타 중이던 제자 조주 스님이 저녁에 돌아오자 남전선사는 낮에 있었던 사건에 대하여 들려주고는 "너라면 어떻게 했겠느냐?" 고 물었다. 조주 스님은 아무 말이 없이 짚신을 머리에 이고 나가버렸다. 남전선사는 "네가 있었다면 고양이를 살릴 수 있었으련만…" 하고 말했다.

『무문관』 제1칙 '조주구자趙州狗子'와 상통하는 화두이다. 개와 고양이가 바뀌었을 뿐이다. "개에게 불성이 있느냐? 없느냐?" '있을까? 없을까? 부처님은 일체중생이 모두 불성이 있다고 했는데, 왜 조주 스님은 없다고 했을까? 이것이 무슨 뜻일까?(是甚)' 이것을 참구하는 것이다. 그 답은 '있다(有), 없다(無)'의 문제가 아니다. 유무 시비의 양변을 떠난 중도를 가리킨다.

『신심명』에서 "애정과 증오하는 두 마음만 없애면 지극한 불도가 명백하게 드러난다"고 하였다. 고통은 영원히 존재하려는 마음과 좋은 것에 집착하는 마음에서 비롯된다. 이견二見만 없으면 생과 사를 초월하여 두려움이 없는 그대로 열반 해탈이다. 이견을 없애고 중도를 깨달아 집착하는 마음을 없애는 수행이 참선공부이다.

'남전선사가 고양이 목을 자른 화두'는 충격적이고 극단적이다. 이 사건은 실제일 수도 있고, 허구 가상일 수도 있다. 깨달음을 얻은 조사스님이 산사의 대중들 앞에서 고양이의 목을 자른다는 것은 제일 불계佛戒인 불살생계를 범한 것으로 있을 수 없는 일이다. 살생은 바라이죄이다. 함께 머물며 수행할 수 없는 파문破門에 해당한다.

'대중이 원하면 소도 잡아먹는다'는 절집의 속어가 있다. 공동수행 집단인 승가에서 대중의 화합이 최우선이란 뜻이다. 화합이 깨지면 승가도 깨진다. 소를 잡아서 승가가 산다면 그 길을 택해야 할 것이다. 조사스님께서 제자를 깨달음의 길로 이끌기 위한 비상수단으로, 자신은 지옥에 떨어지는 업보를 받더라도 교육활동의 수단으로 고양이의 목을 베는 행위는 가능할 수 있다.

제자 조주 스님은 고양이의 목을 베는 행위는 절대 있을 수 없는 행위라고 스승의 잘못을 지적한 것이다. 조주 스님이 발에 신어야 할 짚신을 머리에 인 것은 이치에 어긋난 행위임을 나타낸 것이다. 부처님의 가르침은 자비심으로 중생의 고통을 덜어주는 자비의 실천이다. 그러므로 중생의 목을 끊는 행위는 어떤 경우도 옳지 못한 것이다

눈푸른 납자스님이 인고정진으로 미혹한 마음을 바꾸어 깨달음을 열고(轉迷開悟) 출정出定하여, 조주 스님처럼 스승을 뛰어넘는 출람出藍의 선지식이 되기를 기대한다.

28

착여래의

着如來衣

법화경을 설하는 사람은 어떻게 설해야 합니까? 선남자·선여인이 여래의 방에 들어가서, 여래의 옷을 입고, 여래의 자리에 앉아서 설해야 한다.

說是法華經者는 **云何應說**입니까 **是善男子善女人**이 **入如來室**하며 **着如來衣**하며 **坐如來座**한다 (『법화경』 법사품)

법사가 갖추어야 할 것은
자비, 인욕, 반야공 지혜
법사는 부처님 대신이니
전법포교는 우선적 의무

着如來衣
坐如來座

錄法華經法師品句
擔雪軒 茂山合掌

부처님의 말씀을 설법할 때는 일정한 법회의 격식을 갖추어야 한다. 여래의 방인 법단(法壇, 法堂)을 세우고, 여래의 옷인 법복(法服, 法衣)을 입고, 여래의 자리인 법상(法床, 獅子座)에 앉아 설법을 해야 한다.

『법화경』 법사품에는 부처님의 말씀인 경전을 설하는 법사가 갖추어야 할 세 가지 조건(法師三軌)을 다음과 같이 명확하게 제시하고 있다.

"여래의 방이란 일체 중생을 사랑하는 자비심이고, 여래의 옷이란 부드럽고 온화하고 잘 참는 마음이고, 여래의 자리란 온갖 것이 실체가 없는 평등한 공空의 세계에서 안주安住하여 게으름이 없는 마음이니, 이로써 『법화경』을 설해야 한다."

법사가 설법할 때 갖추어야 할 자격 요건은 자비심과 인욕심, 그리고 반야공의 지혜이다. "자비심이 곧 관음보살이다", "석가모니가 전생에 인욕선인으로 수행했다", "반야 공지空智는 칠불의 어머니요 공왕空王이다." 이 세 가지 덕목 모두가 부처가 되는 요건이다.

『법화경』에서 다음과 같이 설하고 있다.

"이 경은 모든 경전의 왕이니 듣고 자세히 생각한다면 마땅히 알아라. 이 사람들은 부처님의 지혜가 가까워졌느니라."

"부처님 앞에서 『법화경』의 한 게송이나 한 구절을 듣고, 일념으로 법에 수순隨順하며 기뻐하는 사람이 있다면 내 이들에게 수기授記를 내릴 것이다. 그들은 마땅히 최상의 깨달음을 얻으리라."
"여래가 열반한 뒤에 어떤 사람이 이 경전을 쓰고 지니고 읽고, 외우고, 공양하며 다른 사람에게 말한다면 그에게 여래의 옷으로 덮어줄 것이니라."

『법화경』은 경전 중의 왕이다. 『법화경』을 설하는 사람이 법사이다. 법사는 여래의 심부름꾼으로, 법사의 설법에 의해서 불교교단의 흥망이 좌우된다. 법사의 설법이 잘된 법회는 신도들이 경전의 가르침으로 기쁨이 충만하고 교세가 발전한다. 법사는 부처님을 대신하여 사자후를 설한다. 따라서 청법대중은 법사를 부처님과 같이 대우하고 공양해야 한다.

소승은 자기 해탈이 우선하지만 대승은 중생 구제가 먼저이다. 전법포교는 깨달음보다 우선해야 하는 의무적 실천덕목이다. 전법포교는 종교공동체의 생명이다. 교세가 약하면 부처님의 교법教法이 유린당한다. 교세가 강하면 자동으로 전도가 된다. 고려 때 국보급 『법화경』의 사경이 현재 전해지고, 경전 간행이 수차례 이루어진 것은 『법화경』에서 경전의 유통과 설법의 공덕을 강조하고 있기 때문이다.

필자에게 동국대학교 불교대학 학부논문으로 '법화경 신해품의 장자와 궁자 비유와 누가복음의 돌아온 탕자의 비유의 비교 연구'를 지도해 주셨고, 종립학교에서 33년을 교법사의 길을 걷도록 인도해 주신 분이 미천 목정배 교수님이다. 2014년 2월에 세연 78세의 나이로 홀연히 아미타부처님이 계신 미천彌天으로 돌아가셨다.

선생님은 평생을 부처님 공부와 전법포교에 백퍼센트 온전히 자신의 삶을 불사른 진정한 불자요 대법사였다. 중병으로 앓아누운 병석에서도 초인적인 의지와 전법정신으로 마지막 순간까지 부처님의 말씀을 한 구절이라도 전하기 위하여 각종 법회와 세미나에 참석하셨었다. 고인의 전법정신을 거울로 삼아 더욱 정진할 것을 다짐해 본다.

29

과거어오백세 작인욕선인

過去於五百世 作忍辱仙人

나는 지난날 과거 오백생 동안 어떤 곤욕스런 일도 참아내는 인욕행을 실천해 보인 인욕 수행자였다. 그때 나는 아상·인상·중생상·수자상이 없었기 때문에 가리왕에게 인욕바라밀을 실천할 수 있었던 것이다.

過去於五百世에 **作忍辱仙人**하였다 **於爾所世**에 **無我相 無人相 無衆生相 無壽者相**하였다 (『금강경』 이상적멸분)

부질없이 욕심을 내면
불행은 화살보다 빨라
집착으로 고통 따르니
인욕으로 수행 삼아야

인욕선인의 이야기는 『전생담』, 『금강경』, 『대지도론』, 『현우경』, 『대비바사론』, 『출요경』, 『육도집경』 등에 나오는 석가모니의 전생 수행담이다. 성내는 마음은 중생의 세 가지 독한 마음인 삼독심 가운데 하나이다. 성내는 마음이 가장 무섭고, 참기 힘들다고 한다. 성을 내면 이웃 사람에게 직접적으로 피해를 주고 상처를 준다.

어려운 상황에 처하여 잘 참고 극복하면 오히려 그 역경이 일을 성취시켜주는 원동력이 되기도 한다. 세상에서 가장 힘든 일이 참는 일이라고 한다. 그래서 참으면 복이 오고, 참으면 부처가 된다(忍辱佛)고 한다.

『아함경』에서 "탐내는 마음과 성내는 마음, 그리고 어리석은 마음, 즉 삼독의 불꽃이 사라지면 열반 해탈에 이른다"고 하였다. 탐욕과 분노를 조절하고 제어하는 것이 수행이다. 분노가 치밀어 오를 때 인욕으로써 잘 참는 것을 수행으로 삼아야 한다. 자신의 뜻대로 안 되면 성내는 마음이 일어난다. 집착하는 마음 때문에 고통이 생기고 분노심이 생긴다.

인간이 사는 사바세계는 본래 예토穢土이고 고해苦海이다. 온갖 고통 속에 포위되어 있다. 세상은 무상하게 변화하고 영원한 것은 없다. 불안정하다. 따라서 내 뜻대로 되는 일보다는 안 되는 일이 더 많다. 오로지 참고 견뎌야 하는 감인堪忍국토이다. 부질없이 욕심을 내

고 성질을 부리면 불행이 화살보다 빠르게 다가온다.

『나운인욕경』에서 "분노와 원망을 품고 폭력을 휘두르는 것은 자신을 불구덩이에 던지는 것과 같다. 그것은 마치 거센 바람이 불어오는 쪽으로 횃불을 들고 가는 것과 같다.…… 부처님 제자들은 항상 자신의 마음을 굴복시켜, 남을 해치고자 하는 생각이 일어나면 곧바로 원망과 미움을 없애야 한다. 이 세상에서 가장 위대하고 용감한 것은 인욕이다"고 하였다. 또 "세상에서 가장 큰 복이 보시이지만 보시보다 인욕이 더 큰 복이다"라고 하였다.

인욕선인은 가리왕이 자신의 몸을 갈기갈기 찢는 고통을 주었지만 가리왕을 미워하거나 원망하지 않았다. 그것은 자신의 몸이 본래 흙·물·불·바람 등이 인연화합으로 잠시 형상을 이루고 있을 뿐 실체가 없는 허망한 육신임을 알아서 몸에 대해서 집착하고 아끼는 마음이 없었기 때문이다. 집착하는 마음이 욕심을 만들고, 분노하는 마음을 만든다. 따라서 집착하는 마음만 없애면 괴로움도 분노하는 마음도 없다.

우리에게는 집착하는 마음과 착각하는 마음이 있다. 하나는 나의 육신이 영원하다고 집착하고, 나의 생각이 옳다고 착각하는 아상我相과 아만我慢, 그리고 아집我執이 있다. 이런 마음을 가진 사람이 중생이고, 아상을 떠난 사람이 보살이고 부처이다.

『금강경』에 "형상이 있는 모든 사물이 실제로는 실체가 없는 비상(非相, 無我, 空)인 줄 알면 여래를 본다"고 하였다. 상을 떠나 집착하는 마음이 없으면 부처이다(離相佛). 아상을 버리면 부처이다. 사상(四相)인 인상·중생상·수자상은 아상의 다른 모습의 정신질환이다. 인욕선인은 자기중심적인 나라는 생각(아상)·나는 남과 다르다고 차별하는 생각(인상)·나는 못난 중생이라고 하는 생각(중생상)·자신의 수명이 영원하다는 생각(수자상)에서 벗어나 무아無我와 공성空性을 깨달았기 때문에 실체가 없는 분노하는 마음과 원망하는 마음을 일으키지 않았던 것이다.

화가 나지 않으면 참을 것도 없다. 미워하지 않으면 용서해 줄 것도 없다. 내 마음 어느 곳에도 남을 미워하고 분노하는 마음의 실체가 없다. 잠시 나타났다가 스스로 사라질 아지랑이 같은 것이다. 나그네 같은 번뇌 망상이다.

30

평상심시도

平常心是道

곧바로 도를 알고자 하는가? 평상심이 바로 도이다. 무엇을 평상시의 마음이라 하는가? 일부러 조작하지 않고, 옳고 그름을 따지지 않으며, 취하고 버리지도 않고, 죽으면 끝으로 단절된다거나 영원하다고 생각하지 않고, 범부도 아니고 성인도 아닌 것이 바로 평상심이다.

若欲直會其道하는가 **平常心是道**이다 **何謂平常心**인가 **無造作 無是非 無取捨 無斷常 無凡無聖**이다 (『마조어록』)

오염된 중생의 마음이
집착심이면서 분별심
오염 안된 본래 마음이

곧 평상심이고 불도다

도란 인간과 우주를 지배하는 원리(理)나 법칙(法), 즉 진리를 뜻하는 추상적이고 복합 다의적인 개념이다. 유교의 도는 인간 행위의 도덕을 뜻하는 인륜지도이고, 도가의 도는 무위無爲 자연의 도를 뜻하고, 불교의 도는 만법이 유식唯識인 마음의 도다. 형상이 없는 궁극적인 개념인 신, 마음, 도, 천국, 지옥 등은 인간의 인식세계를 초월한 인식 밖의 세계이기 때문에 언어문자의 영역에서 벗어나 있다. 따라서 입을 열고 말을 하면 그 뜻이 어긋나게 되는 것이다. 호킹 박사는 "신과 천국의 이야기는 어린이의 동화와 같은 것이다"고 하였다.

『화엄경』에서는 "마음과 부처 그리고 중생, 이 셋은 차별이 없다"고 했다. 마음이 도이고, 마음이 부처이다. 성인과 범부가 차이가 없다. 다만 깨끗하고 더러움에 물든 것뿐이다.

중국 선종사에서 천상의 선禪을 지상의 일상사의 생활선으로 제시한 시조가 마조도일馬祖道一선사이다. 그는 "마음이 곧 부처이다"고 하였고, "평상시 마음이 곧 불도이다"고 하였다. 어떤 스님이 찾아와 불도佛道에 대하여 단도직입적으로 물었다. 불자가 추구해야 할 마음의 도(心道)를 물은 것이다. 마조대사는 위에서와 같이 명료하게 불도와 평상심에 대하여 설명하였다.

허회태

도는 가까운 데 있다. 우리 생활 속에 있는 것이지 하늘나라에 있는 것이 아니다. 마조대사는 평상시의 마음이 그대로 불도라고 하였다. 밥 먹고 잠자는 일상생활 그대로가 불도이고 선禪이다. 부처의 마음이나 삶이 범부 중생과 특별히 크게 다르지 않다.

마조대사는 "우리 인간이 본래 불성을 구족한 본래불本來佛이기 때문에 도를 닦아 익힐 필요가 없다. 오직 더러움에 물들지 않으면 된다. 더러움에 물든다는 것은 일부러 조작造作하여 별난 짓거리를 벌이는 것을 말한다. 옳고 그르고, 취하고 버리고, 유와 무에 집착하여 상대적인 양변에 치우쳐서 이견二見을 일으키는 것을 말한다"고 하였다. 일체가 공한, 실체가 없는 진실 실상의 자리는 선악과 시비가 없는 중도의 세계이다. 우리의 본래 마음자리가 그런 자성 불성의 세계이다.

육조 혜능대사가 『육조법보단경』에서 주장한 "마음이 본래 청정하기 때문에 번뇌의 때가 낄 수가 없다"는 '본래심청정', '돈오선' 사상을 계승한 것이다. 본래가 금덩어리이기 때문에 금덩어리로 만들기 위해 닦을 필요가 없다. 다만 똥물에 더럽혀져 오염되는 것만 조심하면 된다. 이것이 닦을 것이 없는 닦음의 수행이다.

선입견, 편견 등 분별심이 없이 보면 본래 모습이 그대로 보인다. 집착하고 취사선택하는 애증심으로 보기 때문에 어긋나서 그르치게 보인다. 보수의 눈이나 진보의 눈을 가진 사람은 노력하면 할수록 똑같은 상황과 사물이 더욱 각기 다르게 보인다.

오염된 중생의 마음은 억지로 꾸민 조작된 마음이고, 집착심이고 분별심이다. 오염이 안 된 본래의 마음이 평상심이다. 깨달은 도인이라고 별다른 특별한 마음과 신통이 있는 것이 아니다. 『방거사어록』에서 "신통 묘용이 무엇인가? 물 긷고 나무 나르는 일 바로 그것인 것을"이라 하였다.

현실 속에서 구현될 수 없는 관념의 불법은 무용지보이다. 지금(卽今), 바로 이 마음(卽心)속에서 생동하는 평상심이 불도요, 불성의 발현이고, 일상사日常事가 불사이다.

31

불매인과

不昧因果

"수행을 잘 해서 깨달은 사람도 인과에 떨어집니까?" 백장선사께서 이르시기를 "인과법에 어둡지 않느니라"고 말했다. 그 말이 끝나자마자 순간 노인은 깨달았다.

大修行底人은 還落因果也無입니까 師云하기를 不昧因果이다 老人於言下大悟하였다 (무문관)

업은 의지적 작용이고
보는 필연적 반응이다
선악의 원인과 결과도
형체 따르는 그림자 같네

『무문관』 2칙과 『종용록』 8칙에 나오는 '백장야호百丈野狐'라는 화두이다. '백장불매인과'라고도 한다. 이 내용은 불교의 기본 교리인 인과법칙을 간화선의 입장에서 상량하는 공안이다.

'백장선사가 여우를 예로 들어 인과법문을 설한 공안'의 내용은 다음과 같다.

"백장선사가 법문을 하고 있는데, 한 노인이 혼자 남아 있으므로 '무슨 일입니까?' 하고 물으니, 노인은 '저는 인간이 아닙니다. 과거생에 백장산에서 설법을 하고 있었는데 공부하는 스님이 와서 수행을 다 마친 깨달은 사람도 인과법을 어기면 지옥에 떨어집니까?라고 묻기에, 깨달은 사람은 퇴전하지 않기 때문에 인과에 떨어지지 않는다(因果不落)라고 틀리게 설법을 한 업보로 여우의 몸을 받게 되었습니다. 부디 저에게 깨달음의 법을 설해주셔서 여우의 몸에서 벗어나게 해 주십시오.' 그리고는 다시 옛적의 그 질문을 던졌다. '깨달은 사람도 인과에 떨어집니까?' 백장선사가 곧바로 외쳤다. '인과에 어둡지 않다(因果不昧).' 그 순간 노인은 홀연히 깨닫는다."

부처님께서 『아함경』에서 설한 실천적 교리 가운데 제일 처음 닦아야 할 교법이 업설業說이다. 업은 의지적 작용이고, 보報는 필연적 반응이다. 업인보과業因報果의 법칙이다. 이 세상의 모든 사물이나 현상은 반드시 그것이 발생하게 된 원인이 있고, 또 그 원인이 새로운 결과를 이루게 된다. 이것이 불교의 모든 교리에 통용되는 기본 교리인 인과법이다.

씨앗을 뿌리면 싹이 돋아나듯이 자연 현상계의 사물뿐만 아니라 인간의 행위(業)에 의한 결과도 선한 행위에는 선한 결과, 악한 행위에는 나쁜 결과가 따른다. 선악의 원인과 결과는 마치 그림자가 형체를 따르는 것과 같다.

『법구경』에는 선악에 대한 인과의 과보가 받는 시기에 차이만 있을 뿐 틀림없음을 노래한 게송이 있다. "악의 열매가 맺기 전에는 악한 사람도 복을 만난다. 그러나 악의 열매가 익었을 때는 악한 사람은 재앙을 받는다. 선의 열매가 익기 전에는 선한 사람도 이따금 화를 만난다. 그러나 선의 열매가 익었을 때는 선한 사람은 복을 누린다."

『삼세인과경』에는 다음과 같이 과거·현재·미래 삼생의 인과를 설하고 있다. "만약에 전생의 일을 묻는다면 금생에 받는 것 그대로니라. 만약에 내생의 일을 묻는다면 금생에 짓는 것 그대로니라.(若問前生事 今生受者是 若問後世事 今生做者是)"

인과의 법망法網과 연기緣起의 중중무진한 그물망은 성인도 벗어날 수 없다. 그러나 어리석은 중생은 의심이 많은 여우의 마음(野狐情)으로 '설마', '혹시나', '괜찮겠지' 하는 마음으로 인과를 무시하고 죄악을 짓는다.

백장선사가 여우를 모델로 삼아 인과법문을 설한 깊은 뜻은 "깨달은 사람은 다시는 퇴전退轉하지 않으므로 막행막식을 해도 지옥에 떨어지지 않는가?"에 대한 명쾌한 해답을 제시한 것이다. 예외는 없다. 하물며 범부 중생은 말할 것도 없다. 오직 현자는 피해 갈 뿐이다.

술은 마신 만큼 취하고, 공부는 한 만큼 아뢰야식 속에 저장된다. 가장 인과가 확실하고 빠르게 나타난다고 생각한다.

필자의 일화다. 고향 친구를 종로에서 만나 백주 대낮에 소주를 마셨다. 친구가 물었다. "부처님의 가르침을 한 마디로 말해다오." "인과법이다." "시시하게 그렇게 말고 조사스님의 선문답으로 말해봐라." "소주 5병이다." "앵?" "소주 5병을 마시면 내일 아침 창자가 끊어지는 인과의 도리를 깨닫는다. 살려달라고 저절로 관세음보살을 부를 것이다." 하였다.

32

할자육신 이양부모

割自肉身 以養父母

만일 착한 남자와 착한 여자가 어머니의 은혜를 갚기 위하여 일겁의 세월 동안 매일 세 번씩 자신의 살점을 베어 부모님께 공양하더라도 그 은혜를 갚지 못할 것이다.

若善男子善女人이 **爲報母恩 經於一劫**에 **每日三時 割自肉身**하여 **以養父母**하더라도 **而未能報**한다 (『대승본생심지관경』 보은품)

우리가 은혜 갚기 위해
하루 세 번 살점을 베어
부모님께 일겁 동안을
공양한다 해도 부족하네

『대승본생심지관경』은 부처님의 본생설화와 비유를 곁들여서 설명한 것이다. 경전의 내용이 "중생의 마음이 대지와 같아서(心地), 마음을 잘 관하면 해탈할 수 있고 여래를 낳는다"고 하여 붙여진 경이다. 줄여서 『심지관경』이라고 부른다. '보은품'에 이 경의 중심사상인 사은四恩사상이 설해지고 있다. 사은은 인간이 태어나 세상을 살아가면서 입은 네 가지 큰 은혜인데, 부모은·중생은·국왕은·삼보은을 말한다. 일반적으로는 부모의 은혜·스승의 은혜·국왕의 은혜·시주의 은혜를 말한다.

불교의 효경이라 할 수 있는 『부모은중경』, 『목련경』, 『우란분경』 등은 효도를 인간 윤리의 근본으로 생각하는 중국에서 만들어진 위경僞經이라고 한다. 특히 유교에서는 불교를 '불효불충'의 종교라고 비방하였다. 부모의 곁을 떠나 출가 수행자가 되고 살생을 금하여 전쟁이 나도 나라를 위하여 칼을 들지 않는다는 이유를 들어 비난한다. 이것은 불교에 대한 잘못된 편견이다. 부처님께서도 아버지 정반왕이 돌아가시자 몸소 상여를 매고 효를 실천하였고, 제자들에게 여러 경전에서 어버이에 대한 효도를 강조하였다. 초기경전인 『증일아함경』에 다음과 같이 설하고 있다.

"어떤 사람이 아버지를 왼쪽 어깨 위에 앉히고, 어머니를 오른쪽 어깨 위에 모시고 다니면서 천만 년 동안 옷을 입혀드리고 음식을

봉양하며 침구를 갖추어 드려도 부모의 은혜를 다 갚을 수 없다."

이런 효도의 수사구절은 『부모은중경』에도 나온다. 『잡보장경』에는 "부모의 은혜가 넓고 깊은 것은 마치 천지와 같다.… 이 몸이 바르게 설 수 있게 된 것은 모두 부모님이 베풀어준 은혜로 말미암은 것이다"라고 하였다.

동국대학교 국문과 교수였던 양주동 선생이 지었던 '어머니 마음(은혜)'은 『부모은중경』의 어머니의 은혜를 노랫말 가사화한 것이다. "나실제 괴로움 다 잊으시고 기르실제 밤낮으로 애쓰는 마음 진자리 마른자리 갈아뉘시며 손발이 다 닳토록 고생하시네 하늘 아래 그 무엇이 넓다 하리오 어머님의 희생은 가이 없어라."

부처님께서는 『심지관경』에서 우리가 어머니의 은혜를 갚기 위하여 하루에 세 번씩 자신의 살점을 베어 내서 부모님께 일 겁 동안 공양을 해도 부족하다고 하였다. 이 세상에서 자신의 생명보다 더 소중한 것은 없다. 우주보다도 더 소중한 것이 내 생명이다. 그런 생명을 어머니는 자식을 위한 일이라면 주저 없이 내놓는다. 그래서 어머니의 은혜가 하늘 땅보다도 높고 넓은 것이다.

2014년 세월호 참사는 너무도 슬프고 안타까운 사건이다. 특히나 275명의 학생들이 희생된 것은 차마 볼 수 없는 억울한 죽음이다. 피다 말고 떨어지는 꽃잎이 차디찬 바다 속에 떨어져 잠길 때 대한

민국이 함께 울었다. 희생자의 어머니가 발버둥치며 울부짖던 모습은 모든 국민을 울렸다.

필자는 아내와 함께 서울시청에 마련된 희생자와 실종자 분향소를 찾아 참배하고, 울면서 '바다 속에 떨어진 꽃잎'이란 시를 썼다.

'아, 제발 살 수만 있다면
아빠 엄마 사랑해!'
잔인한 사월에 피다 말고
차디찬 바다 속으로 떨어지는 꽃잎의 외침
남쪽바다 병풍도 꽃샘바람에 꽃잎이 떨어질 때
아빠도 죽고 엄마도 함께 죽었다
'꼭 돌아와 줘'
'지켜주지 못해 미안해'
친구들의 기도소리가 들리지 않니
바닷속에서는 하나님도 부처님도 영험이 없으신지
사랑하는 아들아 딸아
제발 꿈처럼 기적처럼 돌아오라고 밤마다 기도한다

33

불위해선사

佛爲海船師

부처님은 고해의 선장이고, 부처님의 가르침은 하천의 나루를 건너게 하는 다리일세. 대승의 진리는 가마와 같아서 모든 사람을 제도해 주네.

佛爲海船師이고 法橋度河津이네 大乘道之輿이고 一切度天人하네
(『장수왕경』)

세월호를 교훈 삼아서
자기 허물을 돌아보고
함께 가는 삶 생각할 때
우리가 곧 고해의 선장

茂山合掌

중생이 사는 사바세계를 더러움으로 가득 찬 땅이라 하여 예토穢土라 하고, 불난 집에 비유하여 화택火宅이라 한다. 그런 세상에 사는 우리의 인생을 고통의 바다를 항해하는 것에 비유하여 고해苦海라고 한다.

세월호 참사에 이어 메르스 사태까지, 국민의 마음은 불안하고 참담하다. 온갖 불안과 위험 요소가 우리 주위에 도사리고 있다. 우리 사회가 안전 사각지대에 노출되어 있다. 안전 불감증이다. 우리는 지금 어디를 향해 달려가고 있는가? 모두가 이제 여기서 멈춰서 생각을 정리하고 문제점을 찾아서 마음을 새롭게 하여 새 출발을 해야 한다.

이솝우화에 이런 이야기가 있다. 옛날에 토끼 한 마리가 도토리나무 아래서 낮잠을 자는데 도토리 하나가 머리 위에 떨어졌다. 화들짝 놀란 토끼는 세상이 무너진 줄 알고 무작정 뛰기 시작했다. 그러자 다른 토끼도 덩달아 뛰고, 이를 본 다른 짐승들도 뛰기 시작했다. 다투어 질주하다가 낭떠러지에 이르러 죽게 될 위험에 처하였다. 이를 바라본 사자는 어디를 향해 달리느냐고, 왜 뛰느냐고 물었다. 짐승들은 아무도 대답을 못하고 서로 쳐다만 볼 뿐이었다.

삶의 방향과 목표도 잃어버리고 살아가는 우리의 모습을 일러주는 우화다. 그동안 우리는 신자유주의의 무한경쟁 속에서 오로지 자신만이 살아남기 위해서 인정사정 볼 것 없고, 수단방법 가리지 않고 달려온 속도전적인 삶을 강요받으며 살아온 측면이 있다. 빨리빨리, 대충 대충, 승자만 살아남는 패권주의, 네가 죽어야 내가 사는 변태적 경쟁의식 등이 그동안 우리 사회와 국민의 마음을 병들게 하고 지치게 만들었다.

세월호 선장과 회장만 탓할 문제가 아니다. 모두가 각자 자신의 허물을 돌아봐야 한다. 위아래 할 것 없이 누가 누구를 탓하고 돌을 던질 수 있는가. 여기서 모두가 지난 생각을 내려놓고 조금 천천히 함께 손잡고 가는 삶을 생각해 보자. 새롭게 사회구조와 의식을 전환하고 개혁할 때가 온 것이다. 피어보지 못하고 사라진 억울한 학생들의 죽음을 헛되이 하지 말아야 한다.

탐욕과 분노, 어리석음이라는 삼독의 불길 속에서 고통 받고 있는 중생을 반야지혜로써 구원해주시는 부처님을 인천의 스승 또는 삼계의 대도사라 하고, 마음의 병을 고쳐주는 의사 중의 왕이라 하여 의왕이라고 한다. 또는 생사의 바다를 건너 피안으로 건네주는 항해사에 비유하기도 한다. 부처님은 고해의 선장이다. 우리 개인 스스로가 고해의 선장이다. 부처님의 가르침은 고통의 바다를 건널 수 있는 해도이다. 그 지혜가 청정한 삶의 지표인 계율이고, 마음을 안정시키는 선정이고, 집착과 욕망을 제어하는 반야지혜인 삼학이다.

욕망의 불을 끌 수 있는 길은 스스로 마음을 제어하는 수청주水淸珠로 정화시킨 청정계수淸淨戒水이다. 분노의 불을 끌 수 있는 길은 마음을 안정시키는 선정수禪定水가 최고다. 참회와 반성은 현장에 남겨서 교훈으로 삼고, 슬픔과 우울함은 부처님의 자비의 품으로 보듬고 치유하자.

『정법염처경』에 "자비로운 뗏목을 타고 용감하게 나아가면 능히 소용돌이치는 삼독의 바다를 건너가리라"고 하였다. 『대방편불보은경』에는 "불수레(火車)를 끌었던 이 몸이 보리심을 내면 불난 집에서 빨리 벗어나 부처를 이룰 수 있다"고 하였다.

34
공청청백법사 강반야바라밀
共聽請百法師 講般若波羅蜜

국토가 난리가 나서 파괴되고, 크게 가물고 화재가 나고, 도적이 쳐들어와 국가를 파괴할 때면 마땅히 백 분의 불상과 백 분의 보살상과 백 분의 나한상을 모시고, 백 분의 비구스님들과 사부대중, 일곱 대중과 함께 백 분의 법사를 청하여 반야바라밀을 강설하게 하라.

當國土欲亂하고 破壞劫燒賊來하여 破國時에는 當請百佛像 百菩薩像 百羅漢像하고 百比丘衆 四大衆 七衆과 共聽請百法師하여 講般若波羅蜜하라 (『인왕호국반야바라밀경』 호국품)

옛 스님들은 국난 때마다
국가와 백성의 태평 기원

錄 仁王護國般若波羅蜜經 護國品

共聽請百法師

講般若波羅蜜

佛紀二千五百五九年 梅雪軒 合掌

호국불교 전통 계승하여
진정한 나라 사랑 실천

부처님께서는 『인왕호국반야바라밀경』 호국품에서 여러 나라 왕에게 말씀하셨다. "그대(대왕)들은 잘 들으라. 내가 나라를 잘 지키는 법을 말하리라. 그대들은 반야바라밀을 받아 지녀야 한다. 나라가 난리가 나고, 화재가 나고, 도적이 창궐하여 나라가 파괴될 때는 백 분의 불상을 모시고, 백 분의 법사를 청하여 『인왕호국반야바라밀경』을 강설하게 하고 들으라"고 하였다.

이 경의 말씀에 근거하여 신라·고려 때 국왕이 '인왕백고좌법회'를 열어 나라의 안녕과 호국의 정신을 함양하였다. 나라가 외적의 침략을 당하거나 가뭄이 들어 오랜 동안 비가 오지 않아 민심이 흉흉하여 불안할 때는 나라의 선지식인 고승을 모시고 법회를 열어 국난을 타개해 나갈 수 있는 지혜와 용기의 말씀을 들었다.

고려 때 거란과 몽고가 쳐들어와서 왕이 나주와 강화로 피난을 가면서도 부처님의 가피력으로 나라를 보호하고 국민의 마음을 하나로 모으기 위하여 팔만대장경을 두 차례나 조판하였다. 대장경을 판각하는 동안에 외적은 스스로 물러갔다.

전국의 사찰에서 승려들과 불자들은 수시로 『인왕호국반야경』,

『금강명최승왕경』, 『묘법법화경』 등 호국삼부경을 독경하며 국태민안과 국왕의 반야지혜와 강녕을 기원했다.

우리나라는 호국불교의 전통이 있다. 고구려 소수림왕 때 불교가 처음 전래되면서부터 불교는 우리 민족과 국가와 운명을 함께 해 왔다. 폭군의 만수무강이나 기원하고, 독재권력이나 군사정권에서 주도하는 '국가와 민족을 위한 호국기도회'에 참여하여 권력의 앞잡이가 된 어용불교를 비판하면서, 자랑스러운 호국불교의 전통이 매도되고 오해된 측면이 있었다.

우리나라 불교는 외적의 침략을 받아 나라가 위란에 처했을 때 스님들이 승병을 일으켜 나라를 구했다. 고려 때 처인성전투에서 승장 김인후 스님이 몽고군 장수 살리타이를 사살함으로써 몽고군이 물러갔고, 임진왜란 때는 서산·사명대사가 풍전등화와 같던 나라를 구했고, 병자호란 때는 벽암 각성대사가 남한산성을 축성하고 항마군을 이끌며 호국불교의 전통을 빛냈다. 만해 한용운 스님은 3·1운동을 주도하여 조선의 독립과 우리 민족의 자존심을 지켰다.

나라를 사랑하고 겨레와 민족을 애호하는 마음은 가장 아름답고 거룩한 마음이다. 공업共業 중생으로서 나라가 없다면 우리의 생명을 부지할 수 없다. 만약 전쟁이 일어나서 나라가 위란에 처한다면 요즘처럼 이기적이고 자기밖에 모르는 우리 아이들이 나라를 구하기 위해 나설 수 있을까 하는 노파심이 든다.

대흥사나 봉은사와 같이 서산·사명 호국성사와 인연이 깊은 대가람에서 우리나라를 구한 호국대성사 성상(영정) 백 분을 모시고, 백 분의 법사가 호국영령을 추모하고 나라와 민족을 사랑하도록 교육하는 호국대법회를 열면 온 국민에게 나라 사랑의 애국심을 고취시킬 수 있을 것이다.

전국의 호국성지와 사찰을 발굴하고, 호국불교 정신으로 나라를 지킨 역사 속의 승려들을 연구 조사하는 일이 필요하며, 부모와 자녀가 함께 호국성지 사찰순례법회를 정기적으로 실행한다면 새롭게 호국불교의 전통을 계승하는 일이 될 것이다.

35

부위도자 유목재수심류이행

夫爲道者 猶木在水尋流而行

도를 닦는 사람은 마치 물에 뜬 나무가 물결 따라 흘러가는 것과 같아서, 나무가 양쪽 언덕에 닿지 않고, 사람 손에 잡히지도 않고, 귀신에게 가로막히지 않고, 소용돌이에 머물지 않고, 또한 썩지도 않으면 이 나무는 반드시 바다에 들어갈 것이다.

夫爲道者는 **猶木在水尋流而行**이어서 **不觸兩岸**하고 **不爲人取**하고 **不爲鬼神所遮**하고 **不爲洄流所住**하고 **亦不腐敗**하면 **吾保此木決定入海**한다 (『사십이장경』)

중도는 어느 한 쪽으로
치우침 없는 중정한 길
이 길을 따라 수행하면

夫爲道
者猶木
在水尋
流而行
淺山

깨달음에 이르는 지혜

『사십이장경』에 나오는 '중도의 길'에 대한 내용이다. 『사십이장경』은 중국에 전래된 불교경전 가운데 제일 먼저 한문으로 번역된 경전으로 일반인에게 많이 유포되었다. 『불유교경』. 『위산대원선사경책』과 함께 '불조삼경佛祖三經'으로 존중되는 경전이다.

중도는 어느 한 쪽으로 치우치지 않는 중정한 길을 뜻한다. 편견이나 선입견에서 벗어나면 진실을 바로 볼 수 있는 지혜가 열린다. 부처님께서 깨달으신 진리의 내용 가운데 가장 불교적인 특성이 잘 나타난 교법으로 대표적인 수행법이고, 고통에서 벗어나는 지혜이다. 초전법륜에서는 부처님께서 쾌락과 고통의 양 극단을 벗어난 중도를 통해서 깨달음을 얻었음을 밝히고 있다. 고락苦樂중도이다.

『아함부 소오나경』에서는 부처님께서 제자 소오나에게 '거문고의 비유'를 통해서 공부하는 방법에 대해서 가르치고 있다. "너무 꽉 조이면 거문고 줄이 끊어지고 너무 느슨하면 소리가 잘 나지 않는다. 따라서 너무 조이거나 느슨하게 하지 말고 알맞게 줄을 조율하면 미묘한 소리가 나듯이 공부도 너무 긴장하거나 방일하면 성취할 수가 없다"고 하셨다.

중국 선종에서는 대승불교 교리의 근본이 되는 공의 세계에서 강조하는 유무有無중도를 설하고 있다. 현상계에 존재하는 모든 사물은 그 실체나 고유한 자성이 없다. 지수화풍 사대가 인연 따라 잠시 모습을 갖추었다가 인연이 끝나면 모양이나 실체가 없이 사라진다. 나타났다가 때가 되면 소멸하는 무상한 존재이다. 집착해 보아야 허망할 뿐 고통만 따른다. 따라서 있다고 할 수가 없고(非有), 그렇다고 가짜로 잠시 머물고 있는 가유假有상태라도 있으니 없다고(非無) 할 수도 없다. 진공이 묘유妙有한 것이다. 중도는 연기이며 공이다.

있는 것(有)에 집착하면 세속적인 유병有病에 들어 물질적인 욕망에 빠지고, 없는 것(無)에 집착하면 공병空病에 떨어져 허무주의 빠져버린다. 따라서 고통에서 벗어나 해탈하려면 유무의 양 극단에서 벗어나야 한다. 생사의 고통이 여기에 있다.

『선종무문관』의 제1칙 공안화두가 "개에게 불성이 있느냐, 없느냐?"고 묻는 구자무불성狗子無佛性 화두이다. 이 무자화두만 타파하면 죽고 사는 생사문제와 고통의 문제가 해결된다. 1,700공안이 일시에 타파된다고 한다.

『사십이장경』에서 부처님께서는 도를 닦는 사람이 갖추어야 할 다섯 가지 덕목을 제시하였다. 그 첫 번째로, 양변兩岸에 치우치는 것을 경계하였다. 좌와 우, 있음(有)과 없음(無)의 어느 한 쪽으로 집착하여 기대어 편견에 치우치면 진실을 바로 볼 수가 없기 때문이다. 정견을 얻을 수 없다. 그래서 『유마경』에서도 "직심直心이 깨달음을 얻는 도량이다"고 했다. 둘째 사람들이 좋아하는 세류에 빠지지 말고, 셋째 악마의 유혹에 빠지지 말고, 넷째 방일하지 말고, 다섯째 마음이 청정하여 부패하지 않으면, 물에 뜬 나무가 물결 따라 흘러가면 마침내 바다에 이르는 것과 같이 도가 성취된다고 하였다.

종교나 언론은 국민을 향도하고 사회가 나아갈 방향을 제시해 주는 안테나이다. 따라서 종교와 언론은 어느 한 쪽에 치우지지 말고, 부처님의 가르침인 중도의 관점을 견지해야 한다. 종교와 언론의 편견은 해독이 크기 때문이다.

36

백척간두수진보

百尺竿頭須進步

옛 스승께서 이렇게 말씀하셨다. "백 척 장대의 끝에 앉은 사람을 가리켜 비록 깨달음의 경지에 들었다고 할 수 있을지는 모르나 아직 부족하다. 백척간두에서 한 걸음 더 나아가면 온 세계와 내 몸이 하나가 되어 부처의 몸으로 나타날 것이다.

古德云하기를 百尺竿頭坐底人이 雖然得入未爲眞이다 百尺竿頭須進步하면 十方世界現全身이다 (『무문관』)

중생을 구제하기 위해
자기 버리는 수행자가
최고로 위대한 종교인
부처와 반분좌할 성승

『무문관』 46칙에 나오는 '백척간두'의 공안이다. 『무문관』은 중국 남송시대 무문 혜개(無門慧開, 1183~1260)선사가 문이 없는 문을 열어 견성성불 하는 법을 제시한 책이다. 『전등록』에 나오는 1,700공안 가운데 핵심적인 화두 48개를 선별하여 화두공안이라는 열쇠를 통해 마음의 문을 열도록 정리한 공안선서公案禪書이다.

'깨달음의 집착마저 버리라'는 멋진 가르침이다. 세계올림픽에서 금메달을 획득한 선수가 금메달을 내려놓고 겸손하기는 쉽지 않다. 깨달음을 얻은 수행자가 깨달았다는 생각을 내려놓는 일은 정말 어려울 것이다. '정점에서도 온몸을 던져 투신(投身) 정진하라'는 호쾌한 기개와 용기가 드러난 말씀이다.

『전생담』에 석가모니의 전신인 설산雪山동자가 『열반경』의 사구게(諸行無常 是生滅法 生滅滅已 寂滅爲樂: 모든 것은 덧없이 흘러가니 태어나 죽지 않는 이는 아무도 없네. 나고 죽는 그 일마저 사라져 버려야 거기에 고요한 즐거움이 있네)를 얻기 위하여 절벽에서 굶주린 나찰의 밥이 되려고 몸을 던져 구법求法한 설화가 나온다. 또한 의상대사가 동해 낙산사에서 관세음보살을 친견하기 위하여 동해바다에 투신한 설화가 『삼국유사』에 전한다.

달마대사에게 선법을 구한 혜가慧可대사 역시 팔뚝을 끊어 '구법단비求法斷臂'한 일화는 수행자에게 제시하는 바가 큰 감동적인 이야기다. 절체절명의 순간에 자신의 모든 것을 던져 과감하게 앞으로 나가려는 결심은 대장부만이 할 수 있는 용기이다.

중생심은 집착심이다. 집착 중에서도 목숨과 재물과 명예에 대한 애착과 집착이 가장 강하다. 특히 자기 목숨에 대한 집착을 떠난 사람은 가장 강한 사람이다. 조국을 위해 목숨을 아깝게 여기지 않는 군인은 세상에서 가장 멋진 군인이다. 중생을 구제하기 위하여 자신을 버리는 투철한 수행자는 가장 위대한 종교인으로 부처와 반분좌半分座할 수 있는 성승聖僧이라 할 수 있다.

출가사문은 충천 대장부로써 항상 세상의 욕망으로부터 떠난다. 새들도 한 나무에 머물지 않고 미련 없이 떠난다. 좋은 자리에 집착하여 안주하면 고인 물이 썩듯이 부패하고 만다. 집착을 버리는 공부가 수행이다. 집착은 말뚝이다.

『금강경』에 "나의 설법은 뗏목과 같다. 법도 버려야 하거늘 하물며 법이 아닌 법(非法)에 집착하지 말라"는 '뗏목(捨筏)의 비유'가 있다. 뗏목을 타고 피안의 언덕에 도달했으면 강과 뗏목을 버리고 육지로 가야 함을 비유한 것이다. 집착으로부터 벗어난 것을 열반해탈이라고 한다.

나의 실체를 고집하여 생긴 아상과 아집을 버린 수행이 무아행無我行이고, 욕망을 버린 수행이 이욕행離慾行이고, 물질의 형상(相)의 집착을 버린 경계가 이상불離相佛이다. 재물에 대한 욕심을 없애고, 권력에 대한 애착을 없애고, 명예에 대한 집착도 없앤다면 세상살이 고통이 반으로 줄어들어 살만한 세상이 될 것이다. 모두가 보살이고, 모두가 부처가 되는 세상이 될 것이다. 그러나 사바세상은 무한경쟁과 자기 자랑, 과대 홍보가 대세를 가르는 불난 집이다. 지금도 선방에서 무자화두와 싸우며 용맹정진하고 계실 수련스님이 그립다.

시간이 지난 후
그때 용심을 내어 한 번 더 밀어붙였어야 했는데…
절벽에 마냥 떠다니는 아지랑이
지금 내가 백척간두에 서 있네.

37

우주지간 중유일보

宇宙之間 中有一寶

운문선사가 대중에게 설법하시기를 "하늘과 땅 사이, 그리고 시간과 공간(우주) 사이에 보물이 하나 있는데, 그것은 바로 우리 몸속(形山)에 감춰져 있네."

雲門示衆云하기를 **乾坤之內 宇宙之間**에 **中有一寶**인데 **秘在形山**이네 (『벽암록』)

마음이 생명이고 근본
이것을 아는 게 깨달음
마음 주인되면 곧 부처
내 마음을 모르면 중생

茂山

'운문의 일보(雲門一寶)'는 『벽암록』과 『종용록』에 나오는 '마음'을 주제로 한 공안이다. 운문선사가 중국 승조법사의 『보장론』에 나오는 "천지와 우주 사이에 귀한 한 보배가 사람의 몸속에 감춰져 있다"는 글을 보고 대중에게 설한 '마음을 생각하게 하는 법문'이다.

마음이 보배다. 마음이 부처이다. 마음이 우주의 생명이고 만물의 근본이다. 마음으로 세상을 인식하고 마음이 생각한 대로 만물을 보고 만든다. 마음이 없으면 세상도 없고, 설령 있다고 하더라도 아무런 의미가 없다.

인간에게 인식할 수 없는 세계는 존재의 의미가 없다. 우주 밖 별나라의 공주는 존재의 의미가 없다. 사물과 세상을 이해하고 판단하는 것이 마음이다. 그래서 마음을 우주의 주인이라 부르고, 모든 것을 주관하는 왕이라 하여 심왕心王이라 하고, 모든 것을 만들어 낸다고 하여 심지心地라고 부른다.

마음은 우주 생명의 근원이고, 만법의 근본이다. 우주의 본성을 우리는 불성佛性 또는 진여眞如라고 한다. 팔만대장경과 조사선장의 주제가 바로 '마음 심心' 한 글자이다.

우주 만다라가 내 마음이 그리는 관념의 상상이고, 세상은 내 마음이 생각하고 만드는 공간이다. 우주의 중심이요 핵이라고 할 수 있는 그 보배가 바로 내 몸속에 있다니 놀랄 일이다. 이 사실을 확철하게 이해하고 인식하는 것을 깨달음이라 하고, 부처라고 한다.

세상과 사물은 마음먹은 대로 생각한 대로 그렇게 된다. 그래서 『화엄경』에서 '일체유심조一切唯心造'라 했고, '만법유식萬法唯識 삼계유심三界唯心'이라 한 것이다.

마음이 없으면 세상은 앙꼬 없는 찐빵이다. 존재의 의미가 없다. 마음이 인식하지 않으면 있어도 있는 것이 아니라 의미 없는 존재, 인식할 수 없는 존재, 즉 있어도 없는 존재가 돼버린다.

모든 것은 마음이 결정하고 마음이 만든다. 스스로 마음의 주인이 되면 부처이고, 내 마음을 모르면 중생이다. 마음을 찾는 공부가 부처되는 공부이고 선정 공부이다.

천하의 보배가 먼 곳에 있는 것이 아니라 내 몸속에 있다니 바로 찾으면 찾을 수 있고, 생각하고 분별하며 찾으면 헷갈려서 찾지 못하고 삼천포로 간다. 그래서 '직지인심直指人心 견성성불見性成佛'이라 한 것이다.

마음은 형상이 없고 실체가 없으니 아무리 찾아도 찾을 수 있는 물건이 아니다. 그래서 무일물無一物이라 하였다. 실체가 없으나 지금 그 마음이 나를 움직이게 하는 주인이니, 없다고 할 수도 없는 묘한 물건이다.

마음먹은 대로 본래 없는 귀신도 백주에 만들어 내는 여의명주如

意明珠이다. 재장명주在掌明珠이니 마음만 내 마음대로 할 수 있으면 천하가 내 것이 된다. 세상의 주인공이 내 자신(自心佛)이니 우주 삼라만상이 나를 위해 아름답게 장엄된 수많은 꽃다발이요, 청정법신 비로자나부처의 광명이다.

마음 밖에서 부처를 찾으면 헛수고일 뿐이다. 마음 밖에는 진리(法)가 없다. 극락도 지옥도 마음이 만든 방편일 뿐이다. 조물주나 절대자도 마음이 만든 관념의 허상일 뿐이다.

아침에 웃다가 저녁에 우는 밴덕꾸러기
부처를 만들고 중생 만들기를 자유자재하는 조물주
토라지면 밴댕이 소갈머리
대장부 기개를 드러내면 황금털사자
알 수 없어요
형상이 없는 한 보배(一寶)를 찾아
어릴 적에 떠난 동자가 백발이 되어
눈이 내리는 날
백담바위에 앉아 졸고 있네 그려

38

발업즉참괴 유장부기상

發業卽慚愧 有丈夫氣象

허물이 있으면 곧 참회하고, 잘못된 일을 저질렀으면 부끄러워할 줄 아는 데에 대장부의 기상이 있다. 그리고 허물을 고쳐 스스로 새롭게 되면 그 죄업도 참회하는 마음을 따라 없어진다.

有罪卽懺悔하고 **發業卽慚愧**하면 **有丈夫氣象**이요 **又改過自新**하면 **罪隨心滅**한다 (『선가귀감』)

부끄러움을 잊은 사회
모두가 뻔뻔하고 비굴
참회는 불교수행 기본
이웃 회향이 수행 완성

죄가 없는 사람은 없다고 한다. 성인이 아니고서는 누구나 잘못된 행위를 할 수 있다. 사람은 좋은 일도 하고 잘못도 저지르면서 산다. 중요한 것은 자신의 행위를 반성하고, 잘못을 했으면 참회하고 회개하는 마음자세다. 우리는 알게 모르게 지은 죄업에 대하여 부끄러워하고 참회해야 한다. 뿐만 아니라 공업중생으로 공동체의 일원으로 잘못을 저지른 죄업도 있다. 이 또한 피해를 준 상대에게 미안해하고 용서를 구해야 한다. 일제가 저지른 위안부의 만행에 대하여 일본은 참회하고 용서를 구하는 일을 거부하고 있다.

요즘 우리 사회는 반성과 부끄러움을 잊어버리고 사는 것 같다. 분명히 잘못된 행위를 하고서도, 적당히 피해가려고 한다. 잘못을 당장 고치려고 하지 않고 일단 남에게 전가하고, 문제의 원인을 멀리서 찾으려고 한다. 가장 가까운 내 마음에서부터 찾아 참회하고 시정하면 그 잘못이 되풀이 되지 않을 텐데 그렇다.

우리는 자신도 모르게 뻔뻔스러워졌고 비굴해졌다. 잘못을 인정하면 힘이 없어 보이고 장부답지 못하다고 생각하고 있다. 법망에 잡히지 않는 잘못에 대해서는 자신의 죄과에 대하여 죄의식도 없는 것 같다.

임진왜란 때 의승군을 일으켜 풍전등화와 같던 위태로운 나라를 구한 호국대성사 서산대사는 『선가귀감』에서 "허물이 있으면 참회하고 부끄러워할 줄 아는 사람이 대장부다"라고 하였다. 자신의 부족함이나 잘못을 인정하는 것은 큰 용기가 필요하다.

참회는 불교에서 수행의 기본이 되는 마음자세이다. 참회가 전제되지 않는 수행이나 기도는 밑이 빠진 항아리에 물을 붓는 것과 같다. 참회는 업장을 소멸시켜서 복덕과 지혜를 얻기 전에 스스로 깨끗이 자정自淨하여 부정적인 마음을 청소하는 수행의식이다. 하안거 마지막 날에 같이 공부했던 스님들이 그동안 지은 죄를 고백 참회하는 의식이 자자自恣이다. 보름마다 지은 죄가 있으면 참회하는 포살布薩의식도 있다. 불교교단은 참회의식을 통한 청정승가가 되어야 만인의 사표가 될 수 있고 발전한다.

대승불교의 보살 수행은 자신의 행위를 되돌아보고 반성하는 것이다. 그리고 부처님의 가르침대로 더욱 참되게 살겠다는 서원을 굳건히 하고, 그 서원을 성취하기 위해 정진하고, 서원을 성취한 후에는 그 공덕을 이웃 중생에게 회향함으로써 완성된다.

『화엄경』 보현행원품과 『천수경』에 나오는 다음의 '참회게'는 인구人口에 회자膾炙한다.

"내가 옛날에 지은 모든 악업은 끝없이 오랜 옛적부터 익혀온 탐욕·분노·어리석음 때문에 생겨난 것이네. 몸과 입과 마음으로 지은 악업을 내가 이제 지성으로 간절히 참회하네."

"죄라는 것은 본래 실체가 없는데 마음으로 좇아서 일어나는 것이므로 마음이 소멸하면 죄 또한 없어지네. 마음도 없어지고 죄도 없어져서 그 두 가지가 함께 공空하면 이것이야말로 진짜 참회이네."

지난 날 잘못 살아온 점에 대하여 세 가지를 참회한다. "첫째, 그동안 부끄러움을 모르고 산 것이 진정 부끄러움임을 알았습니다. 참회합니다. 둘째, 그동안 욕망과 감정을 억제하고 조절하지 못하고 함부로 행동하여 상대방을 힘들게 한 죄과를 참회합니다. 셋째, 자비불문佛門의 제자가 되었으면서도 내 가족의 이익만 생각하고 고통받는 이웃형제를 무시하고 산 것을 참회합니다."

39

탐욕진에치 세간지삼독

貪慾瞋恚癡 世間之三毒

탐욕·분노·어리석음이 세상의 세 가지 독이다. 이와 같은 세 가지 독하고 악한 마음을 영원히 없애면 이를 불보(보배로운 부처님)라고 이름한다.

貪慾瞋恚癡는 世間之三毒이다 如此三毒惡을 永除名佛寶라 한다

(『잡아함경』)

멀리서 수행 찾지 말라
탐욕과 분노·어리석음
항상 관찰하고 제어함을
화두 삼아 사는 게 수행

부처가 되어 부처의 삶을 사는 것이 불교의 목표이다. 선종에서는 부처가 되는 길은 참선을 통해 깨달음을 얻는 것이라고 한다. 무엇을 깨닫는 것인가? 그것은 진리인 법보法寶와 마음의 본성인 불성佛性을 깨닫는 것이다.

부처님은 『잡아함경』에서 부처가 되는 길과 괴로움을 없애 열반에 이르는 길에 대하여 "탐욕과 분노, 그리고 어리석음을 없애면 부처가 된다"고 명료하게 설파하고 있다. 또한 "탐진치, 삼독심을 없애면 해탈하여 열반에 이른다"고 하였다.

불교의 수행법은 근본 수행법인 37조도품과 대승불교의 6바라밀, 4섭법 등 무수하게 펼쳐진다. 그러나 결국 그 근본은 탐욕·분노·어리석음의 삼독심을 끊는 것이다.

탐욕은 그릇된 욕심, 또는 욕망이다. 자본주의 사회에서 재물에 대한 욕심을 버리기란 아주 어렵다. 돈에 대한 집착은 중생이 사는 힘이고 중생을 고통의 지옥 속으로 처넣는 올가미이다. 욕심이 많으면 많을수록 고통은 크고, 욕심이 적으면 적을수록 고통은 줄어든다. 욕심은 집착이다. 중생은 욕심으로 산다. 그래서 고통의 바다를 헤맨다. 탐욕을 끊으면 바로 부처가 된다. 이욕불離慾佛이라 하였다. 법정 스님이 부르짖은 '무소유'가 바로 탐욕을 끊는 수행이다. 자신의 욕망을 절제하고 조절하는 사람이 인격자이고 훌륭한 수행자이다.

불교의 욕심이라는 용어가 욕구라는 용어와 혼돈되는 것은 경계해야 한다. 불교에서는 무기력하여 아무 의욕도, 생산성도 없는 한량 건달바를 이상적인 경지로 삼지 않는다. 불교의 이상적인 인간상인 보살은 소망하는 바를 얻기 위하여 원력을 가지고 열심히 노력하고 성취하며, 그 공덕을 이웃 중생과 함께 회향하는 사람이다.

분노는 자신의 욕망대로 되지 않으면 성질을 부리는 악한 마음이다. 탐욕이나 분노하는 마음은 말만 다를 뿐이지 근본은 같은 마음에서 생긴 것이다. 어리석은 마음에서 생긴다. 진리와 진실을 보지 못하는 무지하고 어두운 마음인 무명심無明心에서 분화된 삼형제들이다.

분노하는 마음만 감정조절을 잘해도 행복한 삶을 살 수 있다. 잘 참고 인욕하는 사람이 인격자이고 수행자이다. 『금강경』에 인욕선인의 일화가 나온다. 인욕불忍辱佛이다. 분노는 상대방에게 직접 피해를 주는 범법행위요 파괴자이다. 분노의 극치가 폭력이고 살인이다. 집단적인 분노가 전쟁으로 나타난다. 베트남 틱낫한 스님의 수행법이 '화를 참는 수행'이다. 화를 잘 내는 것은 절대 자랑이 아니다. 자비로운 마음이 없는 사람이다. 인자仁者는 무적無敵이다. 간디의 비폭력 무저항주의가 마음을 다스린 극치이다.

어리석음은 한자로 치심癡心 또는 무명無明이라고 한다. 모든 번뇌와 죄악의 근원이고 고통의 원인이다. 어리석기 때문에 문제가 생기고 고통이 따른다. 불교는 지혜의 종교다. 문수보살이 으뜸보살로 모든 부처의 어머니가 되는 이유가 여기에 있다. 공과 무상의 이치를 체득한 금강반야의 지혜로 무명 번뇌의 사슬을 끊고 피안에 건너가는 가르침이 『금강반야바라밀다경』의 가르침인 것이다.

불교의 수행법을 멀리서 구하지 말자. 생활 속에서 탐욕과 분노, 그리고 어리석음을 항상 관찰하고 제어하는 것을 화두로 삼고 살아가는 것이 부처님의 가르침임을 명심하자.

탐욕의 불길 일면
파도처럼 일어나 싸우는 아귀중생
분노의 광풍狂風 불면
삼계는 온통 불바다
무명無明의 장님 하필 어두운 밤이 되면
삼독의 바다를 향해 떠나네

40

방금명계 징정왈정

防禁名戒 澄靜曰定

삼학이란 첫째는 증계학이요, 둘째는 증정학이요, 셋째는 증혜학이다. 방지하고 금지하는 것을 계율이라 하고, 맑고 고요한 것을 선정이라 하고, 관찰하여 통달하는 것을 지혜라고 한다.

言三學者는 **一增戒學**이고 **二增定學**이고 **三增慧學**이다 **防禁名戒**이고 **澄靜曰定**이고 **觀達稱慧**이다 (『대승의장』)

삼학은 기본적 수행덕목
불교의 모든 수행법 포괄
생활서 삼학 발휘한다면
그것이 바로 부처님의 삶

삼학은 괴로움을 없애고 깨달음을 얻게 하는 불교의 세 가지 기본 수행 덕목으로, 계율의 배움(계학)·선정의 배움(정학)·지혜의 배움(혜학)을 말한다. 계학은 도덕적인 삶을 뜻하고, 정학은 삼매 수행을 말하고, 혜학은 통찰지인 반야를 의미한다. 세 가지 덕목을 힘껏 익히고 배워야 한다는 데서 '배움(學)'이라고 하고, 배움이 늘어나는 것을 '증장(增)'이라고 한다.

불교의 모든 수행법은 삼학에 포함된다. 『앙굿따라니까야-사문경』에서 다음과 같이 삼학에 대하여 설하고 있다. "비구들이여, 사문에게는 세 가지 해야 할 일이 있다. 높은 계율을 공부하고, 높은 마음을 공부하고, 높은 통찰지를 공부해야 한다."

불교의 기본 교법인 '사성제·팔정도'에서 괴로움을 없애는 지혜를 얻기 위해서 수행해야 할 여덟 가지 올바른 수행법으로 팔정도를 설하고 있다. 삼학이 곧 팔정도이다. '상윳따니까야 주석서'에는 다음과 같이 삼학과 팔정도의 관계를 설명하고 있다.

"도란 여덟 가지로 된 성스러운 팔정도이니, 깨달음을 위해서 닦는 것이다. 여기서 '계율'은 바른 말(正語), 바른 행위(正業), 바른 생계수단(正命)이 포함되고, '삼매(선정)'는 바른 정진(正精進), 바른 마음챙김(正念), 바른 삼매(正定)가 포함되고, '통찰지혜'는 바른 견해(正見), 바른 사유(正思惟)가 포함된다."

계율은 부처님의 행위(戒是佛行)이다. 부처님처럼 착하게 행동하고(身業), 말하고(口業), 마음을 쓰면(意業), 부처가 되고 부처의 세상이 된다. 계율은 삼업三業을 청정하게 단속하는 수행이다. 삼가고 조심하는 윤리적인 삶이다. 오계와 십선을 실천하여 악행을 방비하고 선행을 드러낸다.

선정은 마음을 고요하게 하여 삼매의 경지에 이르러 지혜를 얻는 수행이다. "깨끗한 계율의 그릇에 고요한 선정의 물이 고이면 지혜의 달이 뜬다"는 계율과 선정, 그리고 지혜의 수행단계를 점차적인 관계로 보는 정통적인 견해가 있다.

혜능대사의 『육조단경』에서는 선정과 지혜를 하나로 보아 함께 평등하게 지니는 정혜등지定慧等持를 주장하고 있다. 선정과 지혜의 관계를 등燈과 불빛(光)의 관계처럼 비록 이름은 둘이 있으나 근본은 하나라고 하였다. 보조국사 지눌은 이를 계승하여 선정과 지혜를 함께 닦는 정혜쌍수를 주장하였다. 선정이 없는 지혜는 미친 지혜(狂慧)이고, 지혜는 없고 선정만 있으면 멍청한 무기無記에 빠지므로, 선정과 지혜를 함께 닦아야 한다고 하였다.

선정을 사마타(止)라 하고, 지혜를 위빠사나(觀)라 하여 지관겸수를 주장하기도 한다. '상윳따니까야 주석서'에는 마음의 해탈(心解脫)과 통찰지를 통한 해탈(慧解脫)을 설하고 있다. 심해탈은 선정 수행을 통한 해탈을 말하고, 혜해탈은 무상·무아(공)를 관찰하여 욕심을 소멸시키는 위빠사나의 지혜해탈을 뜻한다.

삼학은 깨달음을 얻기 위한 수행 덕목이면서 그 자체가 목적이다. 계율은 부처님의 행위요, 선정은 부처님의 마음이요, 지혜는 부처님의 지혜이다. 따라서 생활 속에서 계율·선정·지혜를 수행하고 발휘하는 삶이 곧바로 부처의 삶이다.

천진동자가 청정계단에 앉아
선정에 든 지 삼십 년
한가위 보름날 출정出定하여 시중설법하였다
"좌우 보수와 진보, 빈부 계층간 극단의 양극화는
한쪽 상대를 파괴하는 갈등과 고통의 실마리다.
새의 두 날개가 균형을 이뤄야 하늘을 날 수 있듯이
중도 화합이 세상을 살리는 지혜이다."

41

유마힐 묵연무언

維摩詰 默然無言

유마힐이 침묵하고 아무 말이 없으니 문수보살이 찬탄하여 말하기를 "참으로 훌륭하십니다. 문자와 말이 없음의 경지에 이르러야 진실로 불이법문에 들어가는 것입니다" 하였다.

維摩詰 默然無言하니 文殊師 利歎曰하기를 善哉善哉라 乃至無有文字語言이라야 是眞入不二法門이다 (『유마경』 입불이법문품)

언어는 존재의 집이고
문자언어는 문화의 꽃
언어·침묵 조화 이룰 때
침묵 빛나고 언어 살아

『유마경』에 나오는 유명한 '입불이법문入不二法門'의 내용이다. 불립문자를 종지로 내세우는 선가의 최고 법문으로 대변되는 '유마의 침묵'이란 명구이다. 우주를 지배하는 궁극의 이치인 도는 한 마디로 표현할 수가 없다. 인간의 인식 범주를 벗어난 불가사의한 세계는 언어문자로 나타내면 낼수록 본질과는 점점 멀어지는 경우가 있다. 그러므로 언어문자로 표현될 수 없는 궁극의 경지가 있고, 침묵이 웅변보다도 더 큰 목소리를 낼 수 있다.

『도덕경』에서 "도를 도라고 이름을 붙여 부르면 도가 아니다"라고 하였다. 도만 그런 게 아니다. 우리는 우주가 끝이 있는지 없는지 알 수 없다. 따라서 우주에 끝이 '있다', '없다' 말하는 순간에 진실·실상과는 어긋나게 된다. 그것이 모양이 있는지, 색깔이 있는지, 인간이 인식할 수 없는 세계이기 때문이다. 신의 세계도 그렇다.

우리 마음의 세계는 묘하고 묘하여 실체가 없으나, 그 마음의 작용은 분명히 있는 진공묘유의 세계이다. 따라서 무엇이라 이름을 붙일 수도 없고, 설명할 수도 없다. 그러므로 마음 이치를 깨달아 견성성불하는 것을 목적으로 삼는 선종에서 불립문자不立文字 교외별전敎外別傳을 종지로 삼는 것은 당연한 것이다.

불이법문은 상대와 차별을 초월한 평등한 이치를 설하는 공空의 법문인 진제眞諦이다. 즉, 양변兩邊을 떠난 도리를 설한 일심 중도의 법문인 아마라식의 자성청정심을 뜻한다. 중도는 다른 종교나 철학에서 찾아볼 수 없는 불교의 독특한 교법이다. 유무를 떠난 중도, 생사를 떠난 중도, 고락을 떠난 중도, 색과 공이 둘이 아닌 중도의 세계가 있다.

중국 선종의 삼조 승찬대사의 『신심명』의 주제가 중도 법문이다. 지극한 도는 미워하고 사랑하는 상대적인 증애심을 일으키지 않으면 명백히 드러난다는 가르침이다. 지극한 도는 사량 분별하는 마음과 생각으로 헤아릴 수 없다. 하나가 전체이고 전체가 하나이다. 말의 경계가 끊어지고 과거 현재 미래의 시간의 세계를 초월한다.

『화엄경』에서는 "보살마하살은 모든 보살이 불이의 법문에 들어가고 부처님의 법문에 들어가서 모든 법을 분별하기를 원한다"고 설했다. 『벽암록』 제84칙에 '유마거사의 불이법문'과 『종용록』 48칙에 '유마경의 불이법문'이 나오는데 『유마경』의 본문 내용을 그대로 인용하고 있다. 선가의 불언문자관은 여기서 비롯됐다. 『유마경』에서 문수보살은 불이법문을 "일체법은 말도 설명도 없고 보일 것도 인식할 것도 없어서 모든 질문과 문답을 떠난 것이 바로 불이법문에 들어가는 것입니다"라고 간결하게 설명하여 장단을 쳤고, 이어서 유마거사는 침묵으로 입불이법문을 완성하였다.

인간의 사유나 사상은 문자를 통해서 기록되고 계승, 발전되고 있다. 언어는 존재의 집이고, 문자언어는 인간 문화의 꽃이다. 우리가 존재와 세계를 사유하는 것도 문자언어를 통해서 하고 있다. 인간의 사유의 범주는 언어의 한계를 벗어날 수 없다. 따라서 침묵이 능사만은 아니다. 언어와 침묵은 조화 중도를 이루어야 침묵도 빛나고 언어도 의미가 산다.

말할 수 없을 것에 관해서는 말하지 말고 침묵하라
신들의 세계는 말하지 말라
별나라에 묘한 과일이 있는데 먹어 본 사람이 없어
이 과일의 맛을 멋지게 설명하는 사람은
얼마나 우습고 어리석은가
본래 마음자리는
시비선악이 없는 불이일심不二一心 평등중도平等中道
그대여, 문자와 언어의 범주를 떠난
불이법문의 경지를 어떻게 들어가시겠는가?
유마는 두구杜口 묵연默然, 달마는 불식不識,
만해는 님의 침묵, 알 수 없어요. 나도 오직 모르겠다.

42

월원불유망 일중위지경

月圓不逾望 日中爲之傾

달은 둥글어도 보름을 넘지 못하고 해도 정오가 되면 기우는데,

뜰 앞의 잣나무는 홀로 사계절 항상 푸르구나.

月圓不逾望이고 日中爲之傾인데 庭前柏樹子는 獨也四時青이네

(『청허당집』 중 초당영백)

서산대사가 선의 핵심을

20자로 줄인 명품 선시

반야지혜 체득했을 때

도달 가능한 불이 세계

서산대사 휴정의 시문집 『청허당집』에 나오는 '초당영백草堂詠柏'

月圓又
圓望月
中為
之傾遠
前稻
樹子獨
也三
時青
茂山

이라는 오언절구의 전형적인 선시이다. 조주선사의 『조주록』과 『무문관』에 나오는 '무자화두'와 쌍벽을 이루는 '여하시조사서래의如何是祖師西來意 정전백수자庭前柏樹子 화두'를 20자 시로 읊은 명품 선시다. 그 속에 깃든 선지禪旨나 철리哲理가 당송의 선시를 뛰어넘는 격조 있고 품격을 잘 갖춘 좋은 시이다.

달마대사가 서쪽 인도에서 동쪽나라 중국에 온 목적은 무엇일까? 대장경의 교법敎法을 가르치기 위함이 아니라 마음을 직접 깨달아 견성성불하는 선법禪法을 전해주기 위함이다. 마음이 부처요 중생이 바로 부처임을 깨우쳐주기 위해 온 것이다. 이것이 중국 선종의 남상濫觴이다. 선은 우리의 본래마음인 부처의 마음을 깨치는 수행법으로 불교의 정수精髓이다.

"조사가 서쪽에서 오신 뜻은 무엇입니까?" 하고 묻는 제자의 질문에 대한 조주선사의 답변은 자상하고 친절한 대답이 아니라 "뜰 앞에 서 있는 잣나무(측백나무)이다"라는 황당무개한 동문서답이다.

부처님의 가르침인 팔만대장경의 핵심을 한 마디로 답하는 것은 쉽지 않다. 교학자라면 '연기법', '인과법', '무상', '중도', '공', '선', '마음' 등으로 답변할 것 같다. 선사는 상대방이 알아듣든지 모르든지 알 바 없이 단번에 깨우칠 수 있는 상징적이고 응축된 공안 화두의 언어로 대답한다. '뜰 앞의 잣나무이다.' 이것이 무슨 뜻일까?(是

甚麽) 하고 참구한다. 이것을 '화두 공안'이라 한다.

'왜 조주선사는 조사가 서쪽에서 오신 뜻을 뜰 앞의 잣나무라 했을까?' 하고 의문을 가지고 정신을 하나로 집중해 삼매의 경지에 이르면 조주선사의 마음을 통째로 깨닫게 된다는 것이다. 이것이 자신의 본래 마음자리인 자성 불성이 드러나서 깨달음의 지혜를 얻어 성불한다는 '간화선법'이다. 필자는 불교대학 재학시절에 조주선사의 '정전백수자' 화두를 접하고 오랜 시간 씨름하다가 서산대사의 '초당영백' 선시를 접하고 그 의문이 풀렸었다. '뜰 앞의 잣나무는 항상 사시사철 푸르듯이 부처님의 정법 또한 영원히 변함없는 진리이다.'

'마음이 부처로구나. 중생인 내가 바로 부처로구나. 연기와 중도가 부처님이 깨달으신 영원한 진리로구나. 마음이 모든 것을 만들고 모든 것을 인식하는 기준이로구나. 이것은 영원불변하는 진리로구나.'

부처님의 교법에 대한 믿음과 나의 본성인 불성에 대한 믿음으로 자신감이 충만하게 되었다. 내가 한 순간 똥통에서 헤매며 방황하는 중생이었더라도 나의 참된 마음인 불성은 똥통에서도 오염되지 않고 지옥에서도 파괴되지 않는 영원한 금강석임을 믿게 되었다. 사시상청四時常靑 늘 푸른 상록수이다. 그래서 서산대사는 '뜰 앞의 잣나무는 홀로 사시에 늘 푸르다'고 읊은 것이다.

중생이 살고 있는 현상계에서는, 둥근달은 보름이 지나면 초승달이 되고, 동쪽의 아침 해가 저녁이 되면 서쪽에 기울어 노을이 진다. 이것은 자연계의 이법이다. 그러나 공의 세계인 일심진여의 세계는 무상이고 무아이다. 시간도 없고 생사도 없다. 상락아정常樂我淨 항상 열반수인 상록수이다.

선정삼매의 경지에서 반야지혜를 체득했을 때 도달할 수 있는 세계이다. 불이不二의 세계이다.

마음이 훌쩍 우주 창공 밖으로 뛰쳐나가니
해도 달도 없고 밤낮도 없네
삼세三世의 시간이 사라지니 생사가 어디로 갔는가
남산의 소나무는 사계절 홀로 푸르구나

43

어차경권 경시여불

於此經卷 敬視如佛

만약 또 어떤 사람이 있어 『법화경』의 한 게송이라도 수지독송하고 해설사경하여, 이 경전을 공경하기를 부처님같이 갖가지 공양물로 공양하였다.… 이 사람은 여러 부처님 세상에서 대원을 성취하였으나 중생이 가엾어서 인간세상에 태어난 것이다.

若復有人이 **受持讀誦解說書寫**하고 **妙法華經 乃至一偈**하여 **於此經卷**을 **敬視如佛**하여 **種種供養**하였다… **於諸佛所**에서 **成就大願**하였으나 **愍衆生故**하여 **生此人間**하였다 (『법화경』 법사품)

불교신행의 근원은 경전

경전 없으면 불법도 없어

세계 정신문화사 결정체

통일된 한글경전 필요

부처님께서는 『법화경』에서 “경전을 부처님처럼 공경하라”고 하였다. 경전이 곧 부처님이라는 뜻이다. 또한 ‘열반유훈’에서 “자기 스스로를 등불로 삼고 스승으로 삼아라. 진리의 법을 등불로 삼고 스승으로 삼아라”고 하였다. 경전은 부처님께서 깨달으신 진리의 말씀을 기록한 책이다. 삼보三寶 가운데 법보에 해당된다. 불법승 삼보가 셋이지만 실제는 하나로 모두 같은 것이다. 탑 속에 부처님의 사리를 모시고 공양해 오던 불자들은 차츰 부처님을 대신하는 깨달음의 내용인 경전을 모시게 되었다. 부처님의 유골을 진신사리라고 하고, 부처님의 말씀인 경전을 법사리라고 부른다.

『교계신학비구행호율의』에서는 “먼저 비누로 손을 깨끗이 씻은 뒤에 경전을 만지라”고 하였다. 『증일아함경』에는 “모든 경전을 두루 읽고 외우고 익히되, 그 이치를 관찰하고 그 법을 순종하여 어기거나 빠뜨림이 없으면 그 인연으로 열반에 이르게 될 것이다”고 하였다. 『무량수경』에서는 다음과 같이 경전을 잘 듣고 믿으며 경전의 가르침대로 수행할 것을 강조하였다. “설령 삼천대천세계가 큰 불이 나서 태운다 하더라도 이 경전을 듣고 기뻐하고 기꺼이 믿어서 지니고 독송하여 설해진 그대로 수행해야만 한다.”

경전이 없으면 불법도 없다. 경전이 부처님이다. 경전이 불교의 생명이다. 불교 신행의 근원이 경전이다. 불자가 경전을 많이 읽고 공경해야 불법이 세상에 오래 머물게 된다. 그 어떤 것도 경전의 권위를 넘어설 수 없다. 경전을 듣고 읽고 외우고 사경하고 해설하고 설법하는 것이야말로 최고의 수행법이고, 그 자체가 참다운 정법의 길이다.

불자는 경전을 부처님과 부모님 모시듯이 공경하고 받들어야 한다. 경전을 무시하는 것은 절대로 올바른 신행의 자세라고 할 수 없다. 나의 고통을 무엇으로 해결할 수 있는가? 무엇으로 중생을 구제하고 세상을 구원할 수 있는가? 그것은 오직 부처님의 깨달음인 정법뿐이다.

경전 속에 생사에서 벗어날 수 있는 지혜가 있고, 삶의 고통을 해결할 수 있는 열쇠가 있다. 그런데 우리가 현재 보고 있는 경전은 한글로 된 책인데도 대학교수도 읽기가 어렵다. 불교경전은 원래 어려워서 그런 것인가?

불교종단에서 각계의 전문가로 '경전편찬위원회'를 구성하여 경전을 보통사람이 쉽게 읽을 수 있도록 통일된 경전을 편찬, 간행해야 한다.

『선가귀감』에 "경전을 들으면 귀를 거치는 인연도 있게 되고, 함께 기뻐하는 복도 짓게 된다."고 하였다. 『금강경오가해』에 "경전이 있는 곳은 곧 부처가 있는 곳과 같다."고 하였다.

우리나라는 책의 나라이다. 세계에서 가장 오래된 목판본 『무구정광대다라니경』, 세계에서 가장 오래된 금속활자본 『직지심체요절』, 유네스코 세계문화유산과 기록문화유산으로 지정된 '해인사 팔만대장경판전과 경판', 그리고 고려 사경 등이 모두가 불교경전이다. 자랑스런 우리 민족의 문화유산이자, 세계 정신문화사의 최고 결정체이다.

'부처의 모습은 오직 경전의 거울(典鏡)을 통해서만 볼 수 있고, 부처의 사자후 설법은 오직 경전 삼매 속에서만 들을 수 있네. 경전은 부처님 말씀, 경전은 불법의 원천, 누가 경전을 달을 가리키는 손가락이라 말했는가. 그 입 손가락 오무려라.'

44

수오계십계등 선지지범개차

受五戒十戒等 善知持犯開遮

무릇 처음 마음을 내어 배우려는 사람은 모름지기 나쁜 벗을 멀리 하고 어질고 착한 사람을 가까이 친해야 하며, 오계와 십계 등의 계율을 받아 지니고 범하고 열고 막는 것을 잘 알아서 행해야 한다.

夫初心之人은 須遠離惡友하고 親近賢善하며 受五戒十戒等하여 善知持犯開遮하라 (『초발심자경문』 계초심학인문)

불교는 실천의 가르침
계율이 무엇보다 중요
지계 없이 깨달음 구함
모래를 쪄서 밥 짓는 것

현존하는 고려시대 계율에 대한 대표적인 저술은 보조국사 지눌이 지은 「계초심학인문」이다. 지눌은 고려 후기의 혼란과 광란의 불교 분위기를 정화하고 바르게 정립하기 위하여 생애를 바친 스님으로, 현재 한국의 조계종을 중흥(창종)시킨 조사이다. 「계초심학인문」은 출가 사문이 불문에 들어와서 처음 배우고 공부하는 교과서이다. 이 가르침에 의하여 훌륭한 수행자가 되느냐가 결정된다.

지눌은 스스로 청정하지 못하면 이웃의 더러움을 밝힐 수 없으며, 대승계는 지켜야 할 때 철저히 잘 지키고 열어야 할 때 융통성 있게 잘 열어서 계율의 정신이 잘 드러나야 한다고 설했다. 또한 출가 수행자는 함께 수행하는 도반이 인생의 반려자이니, 현명하고 착한 친구를 만나면 저절로 지혜롭고 선한 마음을 갖게 되고, 악우를 만나서 동행하면 나쁜 길을 갈 수밖에 없다고 설한다.

부처님은 태어난 종성種姓에 의하여 바라문이 결정되는 것이 아니라 행위에 의하여 결정된다고 하셨다. 계율은 부처님의 행위(戒是佛行)로 불자가 지켜야 할 실천규범이다. 수계受戒는 불자가 되는 첫걸음이고, 계율을 어기면 스스로 불자임을 부정하는 것이다.

불교는 본질적으로 실천의 가르침이기 때문에 계율이 중요하다. 부처님께서는 승가는 계율을 통해서 청정과 깨달음을 얻을 수 있다고 하였다. 계율은 수행자를 지켜주는 갑옷이고 부적이다. 사바세상에서 계율의 보호가 없으면 청정한 수행자는 살아갈 수 없다. 부처님은 '말법시대에 마군魔群에 의하여 참다운 불법이 흩어지고 말리라'고 설하면서 교법敎法이 오래 세상에 머물게 하기 위하여 계율을 제정했음을 밝혔다.

『능엄경』에서 부처님은 "말법시대에 방황하는 중생을 구호하려면 잘 들어라. 내가 계율 가운데 수행하는 세 가지 가르침에 대하여 설명한 것을 들었을 것이다. 이른바 마음을 항복받는 것으로 계율을 삼고, 그 계율로 인하여 선정이 생기며, 그 선정으로 인하여 지혜가 생긴다. 이것을 '번뇌를 없애는 세 가지 가르침(삼학)'이라고 한다"고 하셨다.

또한 부처님은 열반유훈에서 "제자들아, 내가 열반한 뒤에는 마땅히 계율을 존중하라. 계율을 스승으로 삼아라(以戒爲師). 계율을 지니는 것은 어둠 속에서 등불을 만남과 같고, 병든 환자가 양약을 얻음과 같다"고 하셨다. "계율을 잘 지키는 사람은 설령 부처님과 멀리 떨어져 있어도 항상 부처님과 함께 사는 것과 같고, 설령 부처님과 같이 살아도 계율을 지키지 않으면 서로 천만 리 떨어져 있는 것과 같다"고 하셨다.

『사분율』에 "계율을 버리는 이는 불법에서 죽은 것과 같으니, 계율을 지니기를 목숨과 같이 하여 범하지 말라"고 하였다. 계율을 지키지 않고서 깨달음을 얻으려는 것은 모래를 쪄서 밥을 지으려는 것과 같다. 계율은 인자한 어머니와 같아서 수행하는 사람을 보호한다.

정신을 차리고 바라보니
업경대業鏡臺에 나타난 지난날 죄업상罪業相이 적나라하네
차마 눈 뜨고 볼 수 없어 눈 감고 참회진언을 외우네
옴 살바 못자 모지 사다야 사바하
이렇게 살려 했으면
차라리 청정불문淸淨佛門에 발을 들여놓지나 말 것을
부끄럽고 후회함이 막급이네
이제 되돌아갈 수도 없는 이순耳順이 눈앞인 세월
남은 시간 오직 관세음보살님 부르며
삼귀의계·사계라도 잘 지키길 서원하네.

45

이보현행오보리

以普賢行悟菩提

삼세의 모든 부처님의 높은 깨달음과 실천행과 서원을 내가 모두 원만하게 받들어 닦아서 마침내 보현보살의 행원으로 깨달음을 이루리라.

三世一切諸如來의 **最勝菩提諸行願**을 **我皆供養圓滿修**하여 **以普賢行悟菩提**하리라 (『화엄경』 보현행원품)

간경·참선·염불 등은
깨달음을 위한 수행법
중생구제·정토구현은
오직 자비 실천때 가능

普賢行悟菩提

乙未季夏
摘雪軒·茂山合掌

부처님 경전 중의 왕은 『화엄경』이다. 『화엄경』은 『80권 화엄경』, 『60권 화엄경』, 『40권 화엄경』의 세 종류가 있다. '600부 반야경'의 골수는 『금강경』이고, 『80권 화엄경』의 골수는 '보현행원품'이다. 『80권 화엄경』과 『60권 화엄경』의 마지막 품인 '입법계품: 대방광불화엄경 입부사의해탈경계보현행원품'만을 별도로 한역하여 하나의 경전으로 독립시켜 『40권 화엄경』 또는 『보현행원품』이라 한 것이다.

우리말로 풀어보면 '대방광불화엄경 가운데 부처님의 불가사의한 해탈의 세계에 들어가도록 하는 보현보살의 행원行願을 설한 품'이다. 문수보살은 선재동자가 '원컨대 저에게 해탈의 문을 열어주시고 모든 뒤바뀐 헛된 꿈을 멀리 여의게 해 주십시오'라고 간청하자 '깨달음의 높은 뜻을 일으켜 선지식을 구하고, 보현행원을 갖추도록' 권유한다. 선재동자가 53선지식을 만나 그들의 가르침을 받아 지니고 보현행원을 통해 해탈세계에 들어가는 기나긴 구도 여정이다.

『화엄경』 보현행원품에서는 '보현행원을 통하여 우리가 해탈경계에 들어갈 수 있고, 깨달음을 이룰 수 있다'고 설하고 있다. 간경, 참선, 염불 등은 자신의 수행과 깨달음을 위한 수행법이다. 이것을 통해 예토穢土를 정토세상으로 바꿀 지혜와 힘을 얻을 수는 있지만, 곧바로 중생구제와 불국정토가 구현되지는 않는다. 고통 받고 있는 중생을 구제하고 아름다운 세상을 만드는 길은 오직 자비의 실천뿐이다. 보현행원을 통해서 정토가 구현된다.

참선 수행을 통해서 깨달음의 반야지혜를 얻어 스스로 번뇌를 해결할 수 있지만, 고통 받고 있는 중생을 구제하는 자비행은 보살의 육바라밀행과 보현보살의 행원에 의해서 이루어진다. 따라서 수행은 문수보살의 지혜로부터 시작해 보현보살의 자비 실천 행원으로 완성된다. 석가모니부처님의 보처협시보살인 문수와 보현이 양쪽에서 지혜의 체득과 자비의 실천을 상징하고 있다.

실천이 없는 깨달음이나 행동하지 않는 양심은 공허한 관념에 빠진다. 보현보살과 관세음보살의 자비심에 기반한 중생구제로 불국정토가 구현된다. 물론 문수의 지혜와 보현의 자비 행원은 둘이 아니다. 보살의 실천행은 지혜가 우선 되어야 바르게 실행될 수 있기 때문이다.

고려 초기 균여均如대사의 유명한 11수 향가 '보현십종원왕가'는 보현보살의 10대원을 일반 대중에게 유포하기 위하여 이두체 향가로 노래한 것이다. 고려 말기에 사경한 '감지금니대방광불화엄경보현행원품(국보 제235호)' 역시 앞에 변상도를 그리고 그대로 '보현행원품'을 사경한 것이다. '보현행원품'의 '보현보살의 열 가지 행원'을 우리말 발원문 형식으로 재구성해 본다. '보현보살의 십행 발원문'이다.

"거룩하신 삼보님께 귀의합니다.
부처님의 한량없는 공덕을 지극한 마음과 몸으로 예경하고, 입으로 찬양하고, 꽃과 향으로 공양드립니다.
고통 받는 이웃과 함께 슬퍼하고 기뻐하겠습니다. 지난날 그릇되게 행한 죄업을 참회하옵니다.
진리의 법륜을 굴려서, 부처님의 진리가 이 세상에 영원토록 빛나게 하고, 부처님의 가르침을 열심히 공부하여 불법이 충만한 세상을 만들겠습니다.
아울러 정토를 건설하기 위하여 고통 받고 있는 중생들의 뜻을 살피고 받들고, 모든 공덕을 그들에게 돌려서 함께 즐거운 세상을 만들겠습니다.
보현보살이 오늘 이 자리에서 세운 열 가지 서원이 모두 실행되도록 부처님 앞에서 기원합니다. 허공 하늘이 없어지고, 중생들이 없어져 모두 성불할 때까지 오늘 세운 이 서원은 끝이 없고 변함이 없습니다. 부처님께 귀의합니다."

46

금설수귀 낙안성예

金屑雖貴 落眼成翳

하루는 왕상시가 방문하여 승당 앞에서 임제선사를 보고 물었다. "이 승당에서는 스님들이 경전을 봅니까?" "경전을 보지 않는다." "그러면 선을 배웁니까?" "선도 배우지 않는다." "경전도 보지 않고 선도 배우지 않는다면 도대체 무엇을 하십니까?" 임제선사가 대답하기를 "모든 사람이 부처가 되고 조사가 되는 법을 가르치고 있다." 왕상시가 묻기를 "비록 금가루가 귀하지만 눈에 들어가면 병이 된다고 합니다. 이 말을 어떻게 생각합니까?" 임제선사가 대답하여 이르기를 "내가 그대를 일개 속인으로만 여겼구나" 하였다.

王常侍가 一日訪師하여 同師於僧堂前看하고 乃問這一堂僧이 還看經麽입니까 師云 不看經한다. 侍云 還學禪麽입니까 師云 不學禪한다

金屑雖貴
落眼成翳

乙未仲夏 檢雪軒 小茂山

侍云 經又不看하며 禪又不學하고 畢竟作箇什麽입니까 師云 總敎伊成佛作祖去이다 侍云 金屑雖貴이나 落眼成翳하니 又作麽生합니까 師云 將爲儞是箇俗漢이로다 (『임제록』)

더러운 것도 생각말고
청정한 것도 생각말라
귀한 보배인 금가루도
눈에 들어가면 병 된다

『임제록』은 선어록의 왕이다. 중국 선종사의 오가칠종 가운데 으뜸 정통종파가 임제종이다. 우리나라 조계선종도 임제종의 선풍과 종맥을 이어온 것이다. 그래서 스님이 돌아가시면 입적 축원에 "임제선사 문중에서 영원한 인천의 안목이 되어주소서"라고 한다.

『임제록』에는 금싸라기 같은 깨달음의 금구진언이 폭포수처럼 쏟아지고 있다. "어디를 가든지 그곳에서 주인이 되면, 서 있는 그곳이 진리가 된다"는 말에는 주인의식이 담겨 있고, "부처를 만나면 부처를 죽이고, 조사를 만나면 조사를 죽이라"는 말에는 권위와 우상에 대한 타파를 통해 올바른 견해를 체득하라는 가르침이 담겨 있다. 이 밖에도 만금의 깨달음의 내용이 기라성처럼 나타나 있다.

본문의 내용은 왕상시가 임제선사에게 선 수행의 경지와 깨달음의 경계를 인가 받은 증서와 같은 것이다. 왕상시는 중국 하북부의 최고관리인 부주로서 임제선사의 후원자이다. 그 또한 임제선사의 유발제자답게 뛰어난 견처를 보이고 있다.

왕상시가 임제선사의 선방을 찾아서 선문답을 던진다. "스님의 수행공부에는 경전공부도 합니까?" 하고 묻는다. 물론 대답은 "경전을 읽지 않는다"이다. 임제선사는 12부 대장경을 똥을 닦는 휴지라고 경전을 무시한 선사이다. 그러면 "선을 배웁니까?"라고 묻는다. 역시 임제선사의 대답은 "선도 배우지 않는다"고 잘라 말한다. "경전도 읽지 않고, 선도 배우지 않으면 도대체 무슨 공부를 한단 말입니까?" 하고 왕상시는 더 한 번 밀어붙인다. 임제선사는 "모든 사람이 다 부처가 되고, 조사가 되는 법을 가르치고 있다"라고 대답한다. 중생은 본래가 부처의 덕상을 모두 구족한 '무위진인無位眞人'인 참부처이다. 그런데 무엇을 더 닦고 가르치겠는가. 그냥 그런 줄 알면 그대로 부처이다.

왕상시는 급기야 스승을 향해 지체 없이 진검을 휘두른다. "금가루가 비록 귀하지만 눈에 들어가면 병이 된다고 합니다. 이 말을 어떻게 생각하십니까?" 임제선사는 "대단하구나. 나는 그동안 너를 덜 떨어진 속인으로만 생각했었다. 합격!" 하고 인가를 한다.

『경덕전등록』 유관惟寬선사전에 "더러운 것이라면 생각에 두어서는 안 되겠지만 청정함도 생각에 두지 말아야 옳다. 마치 눈동자에 조그만 이물이라도 머물면 안 되는 것과 같다. 금가루가 비록 진귀한 보배이지만, 눈 속에 있으면 병이 되는 것이다"라고 하였다.

수행자가 보리·열반·진여·법성·부처 등에 집착하면 법집法執의 병이 된다. 부처와 조사가 되겠다는 집착 또한 병이다. 금가루가 귀하지만 눈에 들어가면 눈병이 된다. 금이 귀하지만 금으로 만든 쇠사슬은 속박인 것이다. 집착은 고통의 근원이고 수행자의 병이다. 집착을 치료하는 약이 『금강경』의 반야공이다. 이상離相이고 파상破相이다. 그러면 즉견여래卽見如來한다.

47

호병

胡餠

어떤 스님이 운문선사에게 물었다.

"무엇이 부처를 초월하고 조사를 뛰어넘는 말씀입니까?"

운문선사가 대답했다. "호떡이다."

僧問雲門하기를 如何是超佛越祖之談입니까 門云하기를 胡餠이다

(『벽암록』)

중생 배고프면 밥 주고
고통 덜어주는 게 불법
임금도 백성 먹고 사는
일상사 떠나 존립 불가

卽餠

淺山

운문 문언(雲門 文偃: ?~949)선사는 중국 선종의 5가7종 가운데 임제종과 쌍벽을 이루는 운문종의 종조이다. 운문사는 광동성(韶州) 운문산에 당말오대의 남한왕南漢王 유엄이 절을 지어 운문선사를 모시고 개산한 선찰이다.

운문종의 종풍은 제자를 가르치는 언어가 독설과 역설적이고 간단명료하다는 것이다. 단칼에 권위와 우상을 끊어버리는 명쾌한 가풍이 있다. 예를 들면 제자가 "부처란 무엇입니까?" 하고 묻는 질문에 답하기를 "마른 똥막대기다(간시궐)"라고 하였다. 상식을 초월한 언어이다.

그의 설법은 파격적이고 독설이다. "아기 부처님이 태어나면서 천상천하 유아독존이라고 하였는데, 내가 당시에 그 장면을 목격했더라면 그를 때려죽여 개의 먹이로 주었을 것이다." 임제선사의 "부처를 만나면 부처를 죽이고 조사를 만나면 조사를 죽인다"는 살불살조의 극단적인 언어를 뛰어넘는다. 부처를 초월하고 조사를 뛰어넘는 초불월조超佛越祖의 선적인 기개가 나타난다. 충천대장부는 부처가 가는 길도 따라가지 않고 홀로 자신의 길을 간다. 그것은 자기가 바로 부처이기 때문이다. 중생이 곧 부처이고, 내 마음이 곧 부처인 것이다.

본문에 나오는 '운문의 호떡'은 『운문록』이나 『조당집』에도 나오는 유명한 화두 공안이다. 어떤 스님이 운문선사를 찾아와 "부처와 조사를 초월하고 능가하는 일전어一轉語를 말해 달라"고 쪼고 있다. 불가에서 부처와 조사의 말씀(깨달음의 지혜)을 능가할 수 있는 소식이 있을 수 있겠는가? 그러나 운문선사의 대답은 명쾌했다. "호떡이다." 청천벽력이고 황당무계한 대답이다.

'왜? 호떡이 부처와 조사를 능가하고 초월할 수 있는가?' 이렇게 '시심마' 하는 것이 간화선의 화두 공안이다. 조사들의 선문답은 긴 말이 필요 없다. 한마디로 약축하고 상징된 말로써 나타낸다. 화두 속에 담긴 깊은 뜻을 알고 모르는 것은 묻는 사람의 깜냥이다. 스스로 깨달아 무릎을 치면서 마음으로 계합하는 것이다. 조사의 선문답은 제자를 깨달음의 길로 인도하기 위하여 창안한 고도로 축약된 교화 프로그램이다.

선어록에 보면 선문답의 소재로 쌀, 보리, 무, 삼, 호떡, 똥덩어리 등과 같이 농경사회에서 의식주나 일상생활과 관계있는 것들이 자주 등장한다. '청원선사의 여릉의 쌀값', '조주선사의 진주의 무', '동산선사의 마삼근' 등이다.

과거 농경사회나 현재 산업사회, 정보화사회에서 민초들의 화두는 빵이다. 호떡이다. 요즘 말로 하면 복지다. 무상급식, 누리과정 등 복지정책이 정치인과 정권의 생명을 좌우하고 있다. 국민이 먹고 사는 일이 국가의 대사이고 인간의 삶에 있어서 근본이다.

조사께서는 "잠이 오면 잠을 자고, 배가 고프면 밥을 먹는 것이 신통이고 불법이다"고 하였다. 잠 잘 자고 밥 잘 먹는 것이 기적이고 불사 가피이다. 밥을 못 먹으면 재벌 회장도 세상에서 퇴출이다. 중생의 배가 고프면 호떡을 입에 물려주고, 고통을 받고 있으면 고통을 덜어주는 것이 불법이다. 나라님이나 부처님도 백성들이 먹고 사는 일상생활을 떠나서는 존립할 수 없다.

서민들은 배가 고파도 밥을 못 먹고 있다. 일부 종교지도자는 배부르고 있다. 여의도 국회는 종교지도자들의 표가 두려워서인지 종교인 과세를 미루고 있다. 서민의 고혈만을 빠는 과세는 문제가 있다.

글 김형중 金衡中

동국대학교 불교학과를 졸업하고 동대학원에서 한문교육을 전공하였으며, 중국 연변대학교에서 「선시문학 연구」로 문학박사학위를 받았다.
전국교법사단장, 동대부중 교감, 교육인적자원부·서울시교육청 교과서 심의위원, 동방대학원대학교 불교문예학과 객원교수를 역임하였다.
현재 동국대학교 사범대학 부속여자중학교 교장, 청정국토만들기운동본부 상임부회장, 한국문인협회 회원(문학·미술평론가), 동국대학교 경영전문대학원 강의교수로 있다.
저서로 『불교, 교과서 밖으로 나가다』, 『시로 읽는 서산대사』, 『왕초보 한문박사 되다』, 『한글세대를 위한 한자공부』 등이, 공동저서로 『청소년 불교성전』, 『중고등학교 철학교과서』 등이 있다.

그림 허회태

5세 때부터 한문과 서예를 시작하여 중고시절에 전국서예대회 최고상인 문교부장관상을 휩쓸며 두각을 나타냈으며, 고2 때는 학교 후원으로 개인전을 열기도 했다. 상명대학교 대학원 조형예술학부에서 한국화를 전공했으며, 대한민국미술대전에서 대상을 수상하였다.
서예 외에 전각과 한국화를 섭렵하고, 현대미술과 융합 접목을 하여 새로운 예술 장르인 이모그래피(emography)를 창시하였다. 이후 독일전과 미국순회전(7개월)을 가졌으며, 특히 미국에서는 abc, fox 등 방송에서 큰 관심을 가지고 보도하였다. 스웨덴국립세계문화박물관 초대로 특별전을 가지며 세계적인 작가의 반열에 올랐다.
대한민국미술대전의 심사위원과 운영위원을 역임하였고, 국내에서 20여 회의 개인전을 개최하였다.

깨달음으로 이끄는 대장경 속 한마디

초판 1쇄 인쇄 2016년 1월 4일 | 초판 1쇄 발행 2016년 1월 8일
글 김형중 | 그림 허회태 | 펴낸이 김시열
펴낸곳 도서출판 운주사
(02832) 서울 성북구 동소문로 67-1 성심빌딩 3층
전화 (02) 926-8361 | 팩스 0505-115-8361
ISBN 978-89-5746-445-8 03220 값 15,000원
http://cafe.daum.net/unjubooks 〈다음카페: 도서출판 운주사〉